간추린
고사성어

간추린 고사성어

초판 1쇄 인쇄 2018년 6월 10일
초판 1쇄 발행 2018년 6월 15일

엮은이 김한일
펴낸이 김진남
펴낸곳 배영사

등 록 제2017-000003호
주 소 경기도 고양시 일산서구 구산동 1-1
전 화 031-924-0479
팩 스 031-921-0442
이메일 baeyoungsa3467@naver.com

ISBN 979-11-960665-6-7 (03710)
잘못 만들어진 책은 바꾸어 드립니다.

정가 10,000원

간추린
고사성어

김한일 엮음

배영사

우리는 일상생활 가운데 고사성어를 많이 사용하고 있습니다. 고사성어란 말 그대로 '옛 일로부터 유래되어 전해 내려오는 말'을 뜻합니다. 성어에는 깊은 뜻과 오묘한 진리를 담고 있어서 단 한 마디로 천 마디의 설명을 대신할 수 있으며, 또한 그 속에는 역사, 격언, 속담과 생활의 지혜가 함께 배어 있어 인생의 지침이 되고 교훈이 되는 것입니다.

고사성어는 그 성구 하나하나가 바로 이야깃거리이므로 부담을 갖고 공부하는 것이 아니라 재미있게 읽어 가면서 자신의 실제 생활과 비교하여 그 속에서 삶의 지혜를 찾아내는 것입니다. 수천 년의 세월 동안 향기를 간직해 온 성현들의 가르침을 되새겨 보고, 또 선인들의 지혜로운 삶을 배움으로써 우리들이 바람직한 가치관과 올바른 인생관을 갖게 되었으면 합니다.

　이 책은 한글세대에 맞게 가나다순으로 배열하여 누구나 쉽게 찾을 수 있도록 하였으며 일상생활에 꼭 필요한 성어를 수록하였고 부록으로는 옥편으로 활용할 수 있는 2,000여 한자의 음과 훈을 수록하여 가나다순으로 배열하였습니다.

　아무쪼록 여러분의 한자 학습에 도움이 되기를 바랍니다.

김 한 일

가

呵呵大笑　　가가대소
너무 우스워서 껄껄대며 크게 웃는 웃음이라는 뜻으로, 껄껄거리며 한바탕 크게 소리 내어 마음 놓고 웃는 웃음이라는 말.

家鷄野雉　　가계야치
자기 집의 닭은 싫어하고 들의 꿩은 좋아한다는 뜻으로, 집안의 좋은 것은 돌보지 않고 밖의 나쁜 것을 탐낸다는 말.

可高可下　　가고가하
높아도 가하고 낮아도 가하다는 뜻으로, 어진 사람은 높은 지위에 있어도 교만하지 않고, 낮은 지위에 있어도 떳떳함을 잃지 않는 다는 말.

家狗向裏吠　　가구향리폐
집에서 기르는 개가 집안을 향해 짖는다는 뜻으로, 남한테 입은 은덕을 저버리고 은혜를 원수로 갚는다는 말.

街談巷說　　가담항설
거리의 뜬소문이라는 뜻으로, 길거리나 항간에 떠도는 소문이나 근거 없는 거리의 풍문을 이르는 말.

家徒四壁　　가도사벽
집안 형편이 어려워서 살림이라고는 네 벽밖에 없다는 뜻으로, 몹시 가난한 살림을 이르는 말.

街童走卒　　가동주졸
길거리에서 노는 철부지 아이들이라는 뜻으로, 줏대 없이 길거리를 떠돌아다니는 졸장부를 이르는 말.

苛斂誅求 가렴주구

조세 따위를 가혹하게 거두어들인다는 뜻으로, 백성을 못살게 들볶는 관리의 횡포를 이르는 말.

假弄成眞 가롱성진

장난삼아 한 것이 진심으로 한 것 같이 된다는 뜻으로, 농담으로 실없이 한 말이 진담처럼 된다는 말.

家無二主 가무이주

한 집안에 주인이 둘 있을 수 없다는 뜻으로, 군주와 신하, 윗사람과 아랫사람의 구별이 있어야 한다는 말.

葭莩之親 가부지친

갈대의 줄기에 붙은 갈대청같이 엷게 붙어 있는 친척이라는 뜻으로, 촌수가 먼 친인척을 이르는 말.

家富疎族聚 가부소족취

집안이 부유해지면 멀었던 친척들도 모인다는 뜻으로, 세력이 있으면 아첨하는 세속 인심을 이르는 말.

家貧思良妻 가빈사양처

살림살이가 가난해지면 어진 아내를 생각하게 된다는 뜻으로, 편안할 때는 생각조차 안하다가 어려움이 닥칠 때 아쉬워 한다는 말.

家書萬金 가서만금

집에서 온 편지는 일 만금의 값어치가 있다는 뜻으로, 집안에서 온 편지가 반갑고 소중하다는 말.

可以東可以西 가이동가이서

동쪽도 좋고 서쪽도 좋다는 뜻으로, 이렇게 할 만도 하고 저렇게 할 만도 하다는 말로 어떤 사실이 이렇게도 저렇게도 해석될 수 있다는 말.

佳人薄命 가인박명

아름다운 사람은 운명이 가혹하다는 뜻으로, 재주가 많고 출중한 사람이 의외로 운명이 평탄하지 않다는 말.

苛政猛於虎 가정맹어호

정치가 잘못되어 사람을 해치는 것은 호랑이가 사람을 잡아 죽이는 것보다 더욱 견디기 힘들다는 뜻으로, 그릇된 정치의 폐해를 이르는 말.

家和萬事成 가화만사성

집안이 화목하면 모든 일이 제대로 이루어진다는 뜻으로, 우선 가정이 화목해야 된다는 말.

刻苦勉勵 각고면려

고생을 무릅쓰고 몸과 마음을 다한다는 뜻으로, 어떤 일에 무척 애를 쓰면서 부지런히 노력한다는 말.

刻鵠類鶩 각곡유목

고니를 새기려다 거위 비슷한 것이 된다는 뜻으로, 위인을 본받으려고 노력하다 보면 최소한 착한 사람은 된다는 말.

刻骨難忘 각골난망

고마움이 뼈에 깊이 새겨져 결코 잊을 수 없다는 뜻으로, 남에게 입은 은혜에 대한 고마운 마음을 잊지 않겠다는 말.

脚踏實地 각답실지

일을 처리하는 솜씨가 착실하다는 뜻으로, 품행이 단정하고 태도가 성실한 것을 일컫는 말.

刻薄成家 각박성가

각박하게 하여 집안을 이룬다는 뜻으로, 남에게 인정을 베풀지 않는 인색한 짓으로 부자가 된다는 말.

各人各色 각인각색

사람마다 얼굴빛이 모두 다르다는 뜻으로, 말·행동·모양새·몸가짐 등이 사람마다 다르다는 말.

各人自掃門前雪 각인자소문전설

각자가 스스로 문 앞의 눈을 쓴다는 뜻으로, 자기가 할 일은 자기가 하고 남의 일에 간여하지 않는다는 말.

角者無齒 각자무치

뿔이 있는 자는 이가 없다는 뜻으로, 한 사람이 여러 가지 재주나 복을 다 가질 수는 없다는 말.

各自爲心 각자위심

제각기 딴마음을 먹는 다는 뜻으로, 서로 다른 생각을 하거나 저마다 자기 방식으로 판단하고 처리를 한다는 말.

刻舟求劍 각주구검

뱃전에 잃어버린 칼을 표시한다는 뜻으로, 어리석고 미련하여 융통성이 없는 사람을 비유하여 이르는 말.

脚下照顧 각하조고

자기 다리 밑을 비추어 살펴본다는 뜻으로, 자기에게 가까운 사람일수록 조심해야 한다는 말.

肝腦塗地 간뇌도지

간장과 뇌수로 땅바닥을 칠한다는 뜻으로, 나라의 일에 목숨을 돌보지 않고 있는 힘을 다한다는 말.

肝膽相照 간담상조

간과 쓸개를 꺼내 보인다는 뜻으로, 서로 마음을 털어놓고 친밀하게 사귀는 교제를 이르는 말.

竿頭過三年　간두과삼년

장대 끝에서 3년을 지낸다는 뜻으로, 매우 위태롭고 위험한 지경에서 괴로움을 참고 지내고 있다는 말.

揀佛燒香　간불소향

부처를 골라 향을 피운다는 뜻으로, 남을 대우하는 데 후하거나 박하게 하는 것을 이르는 말.

間不容髮　간불용발

머리카락 한 올이 들어갈 만한 틈이 없다는 뜻으로, 주도면밀하여 빈틈이 없거나 사태가 매우 급박하여 조그마한 여유도 없다는 말.

奸臣賊子　간신적자

간사한 신하와 부모를 거역하는 자식이란 뜻으로, 나라를 어지럽게 하는 무리와 간악한 신하와 어버이에게 거역하는 자식이라는 말.

間於齊楚　간어제초

제나라와 초나라 사이에 끼여 있다는 뜻으로, 약자가 강자 틈에 끼어 괴로움을 받는 것을 가리키는 말.

看雲步月　간운보월

낮에는 구름을 바라보고 밤에는 달빛 아래를 거닌다는 뜻으로, 객지에서 가족이나 집 생각을 한다는 말.

諫而不逆　간이불역

충고는 하지만 거스르지는 않는다는 뜻으로, 부모가 옳지 못하더라도 잘못을 지적하여 말할 수 있으나 거스를 수는 없다는 말.

渴驥奔泉　갈기분천

목마른 준마가 샘물을 향해 달려간다는 뜻으로, 걷잡을 수 없는 세찬 기세가 아주 맹렬하다는 말.

渴民待雨　갈민대우
가뭄을 만난 백성들이 비를 몹시 기다린다는 뜻으로, 어떤 일을 아주 간절히 기다린다는 말.

渴不飲盜泉水　갈불음도천수
목이 말라도 도둑의 샘물은 마시지 않는다는 뜻으로, 어떤 곤경에 당해도 의롭지 않은 일을 하지 않는다는 말.

渴而穿井　갈이천정
목이 마를 때에야 비로소 우물을 판다는 뜻으로, 일을 미리 준비해 두지 않고 임박하여 급히 하면 이미 때가 늦는다는 말.

渴澤而漁　갈택이어
연못에 물을 퍼낸 뒤 고기를 잡는다는 뜻으로, 일시적인 욕구 때문에 앞날을 생각지 않는 것을 이르는 말.

感慨無量　감개무량
마음에 사무치는 감동이나 느낌이 한이 없다는 뜻으로, 사물에 대한 느끼는 회포가 한량없이 깊고 크다는 말.

甘棠之愛　감당지애
감당 나무에 대한 사랑이란 뜻으로, 청렴결백한 인물이나 은인을 그리워하는 마음을 이르는 말.

減死島配　감사도배
사형을 감해 주고 섬으로 귀양을 보낸다는 뜻으로, 죽을죄를 지은 죄인을 처형하는 대신 섬으로 귀양을 보낸다는 말.

甘言利說　감언이설
입에 발린 말과 이익을 약속하는 말이라는 뜻으로, 남의 비위를 맞추는 달콤한 말과 이로운 조건만 들어 그럴듯하게 꾸미는 말.

甘井先竭　　감정선갈
물맛이 좋은 우물은 길어가는 사람이 많으므로 빨리 마른다는 뜻으로, 재능이 있는 사람은 일찍 쇠퇴한다는 말.

感之德之　　감지덕지
이를 감사하게 생각하고 이를 덕으로 생각한다는 뜻으로, 분에 넘치는 듯해서 몹시 고맙게 여긴다는 말.

甘呑苦吐　　감탄고토
달면 삼키고 쓰면 뱉는다는 뜻으로, 사리의 옳고 그름에 관계없이 제 비위에 맞으면 좋아하고 안 맞으면 싫어한다는 말.

匣劍帷燈　　갑검유등
칼의 날카로움과 등불의 밝음은 감출 수 없다는 뜻으로, 명확한 사실은 감출 수 없다는 말.

甲男乙女　　갑남을녀
갑이란 남자와 을이란 여자라는 뜻으로, 신분이나 이름이 특별히 알려지지 아니한 평범한 사람들을 이르는 말.

甲論乙駁　　갑론을박
갑이 말을 하고 을이 반박한다는 뜻으로, 서로 자기의 의견을 내세우고 상대방의 주장을 반박한다는 말.

強幹弱枝　　강간약지
줄기를 강하게 하고 가지를 약하게 한다는 뜻으로, 중앙 정부를 강하게 하여 지방의 제후국을 제어하던 봉건 시대의 통치 방법을 이르는 말.

薑桂之性　　강계지성
생강과 계수나무 껍질은 묵을수록 매워진다는 뜻으로, 늙었어도 의욕이나 기력이 강직한 성품을 이르는 말.

江南橘化爲枳 강남귤화위지

강남의 귤을 강북으로 옮겨 심으면 탱자로 변한다는 뜻으로, 사람도 교육 환경에 따라 품성이 달라진다는 말.

江南一枝春 강남일지춘

강남에서 친구에게 매화 한 가지를 보낸다는 뜻으로, 친구 사이에 돈독한 우정을 대신하는 징표를 보낼 때 사용하는 말.

强弩之末 강노지말

강한 화살도 나중에는 맥을 못 춘다는 뜻으로, 강하던 것도 시간이 지나면 힘을 잃고 쇠약해진다는 말.

剛木水生 강목수생

마른 나무에서 물이 나게 한다는 뜻으로, 아무것도 없는 사람한테 무엇을 내라고 무리하게 요구한다는 말.

江心補漏 강심보루

강 한복판에서 배가 새는 것을 고친다는 뜻으로, 재난을 피하기에는 이미 때가 늦었다는 말.

强顔 강안

얼굴이 너무 두꺼워서 부끄러움을 모른다는 뜻으로, 너무 뻔뻔해서 염치를 모르는 사람을 이르는 말.

剛柔兼全 강유겸전

강해야 될 때는 강하게 해야 하고, 부드러워야 할 때는 부드러워야 한다는 뜻으로, 성품이 부드러우면서도 강하다는 말.

姜太公 강태공

태공망(太公望)의 고사에서 유래하여, 낚시질을 유난히 좋아하는 사람을 비유하여 이르는 말.

剛愎自用 강퍅자용

성미가 까다롭고 고집이 세다는 뜻으로, 자기의 주장을 고집하면서 제멋대로 하는 경우를 이르는 말.

江湖煙波 강호연파

강이나 호수 위에 안개처럼 뽀얗게 일어나는 잔물결이라는 뜻으로, 대자연의 아름다운 풍경을 이르는 말.

改過不吝 개과불린

과오가 있으면 주저하지 말고 즉시 고치라는 뜻으로, 자기의 허물을 고치는 데 인색하지 말라는 말.

改過遷善 개과천선

지나간 잘못을 뉘우치고 착한 사람이 된다는 뜻으로, 지난 허물을 과감히 고치고 올바르고 착하게 된다는 말.

蓋棺事始定 개관사시정

시체를 관에 넣고 뚜껑을 닫아야 비로소 일은 정해진다는 뜻으로, 사람에 대한 평가란 모든 일이 완전히 끝나기 전에는 아무도 모른다는 말.

開卷有益 개권유익

책을 읽지 않고 펼치기만 해도 유익하다는 뜻으로, 제대로 독서를 하면 좋은 효과가 크다는 말.

改頭換面 개두환면

속은 그대로 두고 겉만 바꾼다는 뜻으로, 어떤 일에서 근본은 고치지 아니하고 사람만 갈아서 그 일을 그대로 시킨다는 말.

開門納賊 개문납적

문을 열어 도둑을 맞아들인다는 뜻으로, 자기가 저지른 일의 과보를 자기 자신이 받는다는 말로 제 스스로 화를 불러들인다는 말.

鎧袖一觸   개수일촉

갑옷의 옷소매를 한 번 스친다는 뜻으로, 어떤 일을 거침없이 진행해서 상대를 아주 쉽게 물리친다는 말.

改玉改行   개옥개행

폐옥을 바꾸면 걸음걸이도 바꾼다는 뜻으로, 사람은 지위가 달라지면 예절도 달라진다는 말.

介者不拜   개자불배

갑옷을 입은 사람을 배례(拜禮)를 하지 않는다는 뜻으로, 전쟁 중에는 군사에만 전력을 다 해야 하므로 예의에 소홀할 수 있다는 말.

剴切   개절

풀을 밑동까지 벤다는 뜻으로, 아주 적절하다는 말로, 급소를 정확하게 찌르거나 비판을 한다는 말.

開川龍出乎   개천용출호

개천에서 용 났다는 뜻으로, 변변치 못한 부모나 보잘 것 없는 집안에서 뛰어난 인물이 나왔다는 말.

客反爲主   객반위주

손님이 도리어 주인 노릇을 한다는 뜻으로, 사물의 부차적인 것을 도리어 주가 되는 것처럼 중요시하려는 것을 이르는 말.

客窓寒燈   객창한등

여관 안에 걸려 있는 쓸쓸하게 보이는 등불이라는 뜻으로, 외로운 나그네 신세를 이르는 말.

擧棋不定   거기부정

바둑을 둘 때 포석할 자리를 정하지 않고 두면 이기기 어렵다는 뜻으로, 확고한 주관이 없거나 계획이 수시로 바뀌는 어리석음을 이르는 말.

去頭截尾　　거두절미

머리와 꼬리를 잘라 버린다는 뜻으로, 사실의 요점만을 남기고 앞뒤의 사설을 빼어 버린다는 말.

拒門不納　　거문불납

문을 닫고 들이지 않는다는 뜻으로, 사람이나 물건 따위를 문에서 물리치어 안으로 들이지 않는다는 말.

擧勢皆濁　　거세개탁

온 세상이 바르거나 맑지 못하고 모조리 흐리다는 뜻으로, 지위 고하를 막론하고 사람이 모두 바르지 못하다는 말.

車水馬龍　　거수마룡

많은 수레와 말들이 끊임없이 오가면서 떠들썩하다는 뜻으로, 어떤 사람의 행차가 대단하다는 말.

居安思危　　거안사위

편안할 때 경각심을 높인다는 뜻으로, 장차 있을지도 모를 위험에 미리 대비해야 한다는 말.

擧案齊眉　　거안제미

밥상을 눈썹 높이까지 들어 올려 남편에게 바친다는 뜻으로, 아내가 남편을 깍듯이 공경한다는 말.

去言美來言美　거언미래언미

가는 말이 고와야 오는 말이 곱다는 뜻으로, 내가 남에게 좋게 대해야 남도 나에게 좋게 대한다는 말.

居移氣養移體　거이기양이체

머무는 곳에 따라 기상은 변하게 되고, 음식과 의복은 몸을 변하게 한다는 뜻으로, 사람은 환경에 따라 기상이 달라지고 먹고 입는 것에 따라 몸이 달라진다는 말.

擧一反三　　거일반삼

한 가지 예를 들어 보이면 스스로 세 가지를 알아차린다는 뜻으로, 아주 현명하고 똑똑하다는 말.

去者莫追　　거자막추

가는 사람을 쫓아가지 않는다는 뜻으로, 떠나가는 사람은 붙잡지 말고 가도록 내버려두라는 말.

去者日以疎　　거자일이소

죽은 사람에 대해서는 날이 갈수록 점점 잊게 된다는 뜻으로, 서로 멀리 떨어져 있으면 점점 사이가 소원해진다는 말.

車載斗量　　거재두량

수레에 싣고 말로 된다는 뜻으로, 물건이나 인재 따위가 아주 흔하여서 귀하지 않다는 것을 이르는 말.

去住兩難　　거주양난

가는 것도 머무는 것도 둘 다 어렵다는 뜻으로, 이러지도 저러지도 못하는 난처한 사정을 이르는 말.

車轍馬跡　　거철마적

수레바퀴 자국과 말 발자국이라는 뜻으로, 수레나 말을 타고 천하를 두루 돌아다니며 노는 것을 이르는 말.

去弊生弊　　거폐생폐

묵은 폐단을 없애려다가 도리어 다른 폐단이 생긴다는 뜻으로, 부정적이거나 잘못된 것을 없애려다 도리어 다른 잘못을 저지른다는 말.

乾坤一擲　　건곤일척

천하를 걸고 싸우는 승부라는 뜻으로, 운명을 하늘에 맡기고 승부를 단판 걸이로 승부를 겨룬다는 말.

乾木水生　　　건목수생

마른 나무에서 물이 나게 한다는 뜻으로, 아무것도 없는 사람한테 무엇을 내라고 무리하게 요구한다는 말.

桀犬吠堯　　　걸견폐요

걸 임금의 개는 요 임금을 보고도 짖는다는 뜻으로, 주인이 포악하면 그의 주변도 덩달아 사악해진다는 말.

乞不竝行　　　걸불병행

구걸은 여럿이 함께 하지 않는다는 뜻으로, 요구하는 사람이 많으면 한 사람도 얻기 어렵다는 말.

乞兒得錦　　　걸아득금

거지 아이가 비단을 얻었다는 뜻으로, 분수에 맞지 않게 생긴 일을 지나치게 자랑한다는 말.

乞人憐天　　　걸인연천

거지가 하늘을 불쌍히 여긴다는 뜻으로, 불행한 처지에 있는 사람이 행복한 사람을 동정한다는 말.

乞骸骨　　　걸해골

자기의 한 몸은 군주에게 바친 것인데 그 해골은 자기에게 돌려주기를 바란다는 뜻으로, 늙은 신하가 사직을 원하는 것을 이르는 말.

黔驢之技　　　검려지기

검 지방의 당나귀가 범에게 잡혀 먹었다는 뜻으로, 아무 능력도 없이 큰소리만 치다가는 그 결과가 비참하게 된다는 말.

劍履上殿　　　검리상전

칼을 차고 신발을 신은 채 어전에 오른다는 뜻으로, 공훈이 많은 신하에게 내리는 특별 예우를 이르는 말.

劍一人敵　　검일인적

칼은 한 사람만을 상대한다는 뜻으로, 모름지기 장수될 사람에게는 검술이 마땅치 않다는 말.

揭斧入淵　　게부입연

도끼를 들고 연못에 들어간다는 뜻으로, 물건을 사용하되 전연 쓸데없고 상관없는 것을 가지고 왔다는 말.

隔世之感　　격세지감

아주 바뀐 다른 세상이 된 것 같은 느낌이라는 뜻으로, 그리 오래되지 않은 동안에 전보다 변화가 심하여 딴 세대처럼 몹시 달라진 느낌을 이르는 말.

擊壤歌　　격양가

늙은 농부가 땅을 두드리며 천하가 태평함을 불렀다는 노래로, 세월이 태평한 것을 기리는 노래를 이르는 말.

隔墻之隣　　격장지린

담을 사이에 둔 가까운 이웃이란 뜻으로, 아주 가깝게 지내는 이웃, 곧 이웃사촌의 의미를 나타내는 말.

激濁揚淸　　격탁양청

흐린 물을 몰아내고 맑은 물을 끌어들인다는 뜻으로, 사람들에게 해가 되는 악을 제거하고 선한 것을 가져온다는 말.

隔靴搔癢　　격화소양

신을 신고 발바닥을 긁는다는 뜻으로, 마음으로는 애써 하려하나 아무리 해도 실제 효과는 얻지 못한다는 말.

牽強附會　　견강부회

억지로 끌고 간다는 뜻으로, 가당치도 않은 말을 억지로 끌어다 붙여 조건이나 이치에 맞추려고 한다는 말.

繾綣之情 견권지정

마음속에 굳게 맺혀 잊혀지지 않는 정이란 뜻으로, 남녀 간의 마음과 정성이 지극한 것을 이르는 말.

見金如石 견금여석

황금(黃金) 보기를 돌같이 한다는 뜻으로, 대의를 위해서는 부귀영화를 돌보지 않는다는 말.

見機而作 견기이작

기회를 보아서 미리 조치 한다는 뜻으로, 그 일의 기틀을 보아 낌새를 알아채고 미리 조치를 한다는 말.

見卵求鷄 견란구계

계란을 보고 닭이 되어 울기를 기다린다는 뜻으로, 일이 이루어지기도 전에 결과를 보려고 하는 성격이 급한 사람을 이르는 말.

犬馬之誠 견마지성

개나 말의 정성이란 뜻으로, 윗사람이나 임금에게 충성을 다하는 자신의 노력을 낮추어 이르는 말.

見蚊拔劍 견문발검

모기를 보고 검을 뺀다는 뜻으로, 대수롭지 아니한 작은 일에 허둥지둥 하거나 너무 거창하게 덤빈다는 말.

堅壁淸野 견벽청야

성벽은 견고하고 들은 깨끗하다는 뜻으로, 적으로 하여금 식량을 구하지 못하게 하는 전략.

見事生風 견사생풍

일거리를 대하면 손바람이 난다는 뜻으로, 어떤 일을 당하면 일을 시원시원하게 재빨리 처리한다는 말.

ㄱ

見霜知氷　　견상지빙

서리를 보고 얼음이 얼 것을 안다는 뜻으로, 어떤 현상의 조짐을 보고 결과를 미리 안다는 말.

見善如不及　　견선여불급

선을 볼 때는 미치지 못한 듯이 한다는 뜻으로, 착한 것을 보거든 그것을 본받아 그 즉시 실천에 옮기라는 말.

犬齧枯骨　　견설고골

개가 말라빠진 뼈를 핥는다는 뜻으로, 음식이 아무 맛도 없거나 아무 가치도 없는 것을 이르는 말.

犬牙相制　　견아상제

개의 어금니가 서로 맞지 않는 다는 뜻으로, 국경선이 들쭉날쭉하여 서로 견제하려는 형세를 이르는 말.

見我舌　　견아설

내 혀를 보라는 뜻으로, 다른 곳은 모두 상했다고 해도 정작 긴요한 부분이 멀쩡하다면 개의할 필요가 없다는 말.

犬猿之間　　견원지간

개와 원숭이 사이처럼 몹시 나쁜 사이라는 뜻으로, 서로 사이가 나쁜 두 사람의 관계를 비유하여 이르는 말.

見爾不食　　견이불식

보고도 먹지 못한다는 뜻으로, 탐나는 것이 있어도 이용할 수 없거나 차지할 수 없을 때를 이르는 말.

堅忍不拔　　견인불발

굳게 참고 견디어 마음이 흔들리거나 마음을 빼앗기지 않는 다는 뜻으로, 강한 의지를 나타내는 말.

見兎放狗　　　견토방구
토끼를 보고 나서 사냥개를 풀어놓아도 늦지 않는다는 뜻으로, 어떤 일이 일어나는 것을 기다린 후에 응하여도 된다는 말.

犬兎之爭　　　견토지쟁
개와 토끼의 다툼이란 뜻으로, 두 사람의 싸움에서 제삼자가 이득을 얻는 것을 비유하는 말.

結者解之　　　결자해지
맺은 사람이 풀어야 한다는 뜻으로, 자기가 관계하였거나 일을 저지른 사람이 그 일을 해결해야 한다는 말.

結草報恩　　　결초보은
풀을 엮어 은혜를 갚는다는 뜻으로, 죽어 혼령이 되어서라도 은혜를 잊지 않고 갚는다는 말.

決河之勢　　　결하지세
큰물이 둑을 파괴하고 넘쳐흐르는 기세라는 뜻으로, 걷잡을 수 없는 세찬 기세를 이르는 말.

箝口枯腸　　　겸구고장
입에 재갈을 물리고 창자를 말린다는 뜻으로, 궁지에 몰려 생각과 말이 막혀 입을 다물고 말을 하지 않는다는 말.

謙讓之德　　　겸양지덕
겸손하게 사양하는 미덕을 뜻하며, 겸손한 태도로 남에게 양보하거나 사양하는 아름다운 마음씨나 행동을 이르는 말.

輕擧妄動　　　경거망동
경솔하고 망령되게 행동 한다는 뜻으로, 깊이 생각해 보지도 않고, 경솔하게 함부로 행동한다는 말.

輕車熟路 경거숙로

가볍고 빠른 수레를 타고 익숙한 길을 간다는 뜻으로, 일에 숙달되어 조금도 막힘이 없는 모양을 이르는 말.

傾筐倒篋 경광도협

바구니를 기울이고 상자를 뒤엎는다는 뜻으로, 손님에 대한 대접이 극진한 것을 이르는 말.

傾國之色 경국지색

나라를 기울어지게 하는 미인이라는 뜻으로, 임금이 혹하여 나라가 어지러워도 모를 만한 미인을 이르는 말.

輕諾寡信 경낙과신

가벼운 승낙은 믿음성이 적다는 뜻으로, 가볍게 승낙하는 사람은 진실이 적어 믿기 어렵다는 말.

綆短汲深 경단급심

두레박의 줄이 짧으면 깊은 우물물을 길을 수 없다는 뜻으로, 재간이 없는 사람은 심오한 이론을 터득할 수 없고 큰일을 이룰 수 없다는 말.

耕當問奴 경당문노

농사짓는 일은 머슴에게 물어야 한다는 뜻으로, 무슨 일이든 그 방면의 전문가와 상의하여야 한다는 말.

經綸之士 경륜지사

나라를 훌륭하게 다스려 나갈 만한 경력과 능력이 있는 사람이라는 뜻으로, 정치적이거나 조직적인 일에 수완이 좋은 사람을 이르는 말.

慶父不死魯難未已 경부불사노난미이

경부가 죽지 않으면 노나라의 어지러움은 그치지 않는다는 뜻으로, 분란을 일으키는 사람을 제거하지 않는 한 나라 안이 조용할 수 없다는 말.

耕山釣水 경산조수

산에서 밭을 갈고 물에서 낚시를 한다는 뜻으로, 속세를 떠나 자연과 벗하며 한가로운 생활을 한다는 말.

敬遠視 경원시

겉으로는 공경하는 체 하나 속마음으로는 싫어하여 멀리한다는 뜻으로, 존경은 하되 적당한 거리를 두고 상대를 한다는 말.

輕敵必敗 경적필패

적을 얕잡아 보면 반드시 패배한다는 뜻으로, 적에 대하여 스스로 높이고 스스로 큰 체하지 말고 충분한 준비와 각성이 있어야 된다는 말.

鯨戰蝦死 경전하사

고래 싸움에 새우 등 터진다는 뜻으로, 강한 자들끼리의 싸움에 약한 자가 끼어 아무 관계도 없이 피해를 입는다는 말.

逕庭 경정

샛길같이 좁은 길과 집안의 뜰과는 개념의 차이가 다르다는 뜻으로, 근본적으로 다른 차이를 이르는 말.

驚天動地 경천동지

하늘을 놀라게 하고 땅을 뒤흔든다는 뜻으로, 세상을 뒤흔들 만큼 놀랄 만한 일이나 사건을 가리키는 말.

鏡花水月 경화수월

거울 속의 꽃이나 물에 비친 달이란 뜻으로, 눈에는 보이나 손으로 잡을 수 없는 것을 비유하는 말.

鷄犬相聞 계견상문

닭이 우는 소리와 개가 짖는 소리가 여기저기서 들린다는 뜻으로, 집들이 서로 이어져 있다는 말.

鷄口牛後　계구우후

소의 꼬리보다는 닭의 부리가 되라는 뜻으로, 큰 단체의 꼴찌보다는 작은 단체의 우두머리가 되는 편이 낫다는 말.

計窮力盡　계궁역진

꾀와 힘을 다하였다는 뜻으로, 있는 힘을 다하여 더 이상 어찌할 도리가 없게 되었다는 말.

鷄卵有骨　계란유골

달걀에도 뼈가 있다는 뜻으로, 늘 일이 잘 안 되는 사람이 모처럼 좋은 기회를 만났으나 역시 잘 안 될 때를 이르는 말.

鷄肋　계륵

닭의 갈비라는 뜻으로, 닭의 갈비는 먹을거리는 못 되나 그냥 버리기도 아깝다는 데서, 그다지 가치는 없으나 버리기가 아까운 사물을 일컫는 말.

鷄鳴狗盜　계명구도

닭의 울음소리와 개의 울음소리를 잘 내는 좀도둑이라는 뜻으로, 천한 재주를 가진 사람도 요긴하게 쓸 수가 있다는 말.

契酒生面　계주생면

옛날 계주가 계원들이 낸 돈으로 계원들을 대접하며 술과 음식을 대접한다는 뜻으로, 여러 사람의 것으로 제 생색을 낸다는 말.

鷄皮鶴髮　계피학발

살갗이 닭의 살갗 같고 학같이 하얀 머리털이라는 뜻으로, 늙어서 주름살이 잡히고 백발이 된 것을 이르는 말.

呱呱之聲　고고지성

태어나면서 처음으로 우는 소리라는 뜻에서, 사물이 처음으로 이룩되는 기척을 비유하여 이르는 말.

股肱之臣 　고굉지신

다리와 팔뚝에 비할 정도로 임금이 가장 신임한다는 뜻으로, 임금이 가장 가까이 하며 신임하는 중신을 일컫는 말.

孤軍奮鬪 　고군분투

원군도 없이 적은 군사로 큰 적과 싸운다는 뜻으로, 도움을 받을 수 없는 사람이 혼자 힘으로 벅찬 일을 해나간다는 말.

孤根弱植 　고근약식

외로운 뿌리, 약한 식목이라는 뜻으로, 친척이나 돌보아 주는 이가 없는 사람을 비유하여 이르는 말.

古今獨步 　고금독보

고금을 통하여 홀로 나아간다는 뜻으로, 옛날부터 지금까지 따를 사람이 없을 만큼 뛰어나다는 말.

膏粱子弟 　고량자제

고량진미만 먹고 귀염을 받으며 자라서, 전혀 고생을 모르는 부귀한 집안의 젊은이를 가리키는 말.

膏粱珍味 　고량진미

살찐 고기와 좋은 곡식이라는 뜻으로, 기름진 고기와 좋은 곡식으로 만든 맛있는 음식을 이르는 말.

高麗公事三日 　고려공사삼일

고려는 나라의 일이 사흘 만에 바뀐다는 뜻으로, '한번 시작한 일이 오래 계속되어 가지 못함'을 비꼬아 이르는 말.

稿履其經好 　고리기경호

짚신도 자기 날을 좋아 한다는 뜻으로, 혼인은 서로 알맞은 상대와 해야 가정이 화목하다는 말.

孤立無援　　고립무원

고립되어 도움을 받을 데가 없다는 뜻으로, 외롭고 의지할 때가 없는 외로운 처지를 이르는 말.

瞽馬聞鈴　　고마문령

눈먼 망아지가 방울 소리만 듣고 따라간다는 뜻으로, 덮어놓고 남이 하는 대로 따라 한다는 말.

藁網捉虎　　고망착호

새끼로 된 망으로 호랑이를 잡는다는 뜻으로, 어리석은 계책과 보잘것없는 것으로 뜻밖의 큰 일을 이룬다는 말.

顧名思義　　고명사의

명예를 돌아다보고 의를 생각한다는 뜻으로, 명예를 더럽히는 일이 아닌지 돌이켜보고, 의리에 어긋나는 일이 아닌지 생각한다는 말.

枯木死灰　　고목사회

몸은 마른 나무와 같고 마음은 식은 재와 같다는 뜻으로, 사람이 욕심도 없고 생기도 없고 의욕도 없다는 말.

枯木生花　　고목생화

고목에서 꽃이 핀다는 뜻으로, 불우했던 사람이 뜻밖의 행운을 만난 것을 신기하게 여겨 하는 말.

鼓腹擊壤　　고복격양

한 노인이 배를 두드리고 땅을 치면서 태평한 시대를 노래했다는 뜻으로, 부러울 것이 없는 풍족한 생활을 이르는 말.

高飛遠走　　고비원주

높이 날고 멀리 뛰어간다는 뜻으로, 자취를 감추려고 남몰래 멀리 달아나 피하는 것이 상책이라는 말.

孤城落日　　고성낙일

고립된 성과 서산으로 지는 해라는 뜻으로, 기운도 떨어지고 재기할 힘도 없는데 도와주는 사람도 없어 처량한 신세로 전락한 것을 비유하는 말.

姑息之計　　고식지계

아녀자나 어린아이가 꾸민 것 같은 계책이라는 뜻으로, 잠시 모면할 일시적인 방편. 당장에 편한 것만 택하는 계책을 이르는 말.

孤身隻影　　고신척영

외로운 몸에 외딴 그림자라는 뜻으로, 몸 부칠 곳이 없어 떠도는 외로운 신세를 이르는 말.

告往之來　　고왕지래

말한 바에 의거하여 말하지 않은 바를 안다는 뜻으로, 아는 바에 의하여 다음 일을 헤아린다는 말.

孤雲野鶴　　고운야학

외롭게 떠 있는 구름과 무리에서 벗어난 학이라는 뜻으로, 벼슬을 하지 않고 한가로이 숨어 사는 선비를 이르는 말.

苦肉之策　　고육지책

적을 속이기 위해서, 또는 어려운 사태에서 벗어나기 위한 수단으로 제 몸을 괴롭히면서까지 짜낸 계책을 이르는 말.

孤掌難鳴　　고장난명

한 쪽 손바닥으로는 소리를 내지 못한다는 뜻으로, 일을 이루지 못하거나, 맞서는 사람이 없으면 싸움이 되지 않는다는 말.

高鳥盡良弓藏　고조진양궁장

하늘 높이 나는 새가 없어지면 좋은 활도 활집에 넣어 버린다는 뜻으로, 요긴한 때는 소중히 여기다가도 쓸모가 없게 되면 천대하고 쉽게 버린다는 말.

苦盡甘來　　고진감래

쓴 것을 다 겪은 후에는 단 것을 맛볼 수 있다는 뜻으로, 고생한 끝에는 그 보람으로 즐거움이 온다는 말.

高枕肆志　　고침사지

높은 베개를 베고 마음대로 한다는 뜻으로, 재산이 있어 몸과 마음이 편안하며, 하는 일 없이 한가하고 편안하게 지낸다는 말.

高枕安眠　　고침안면

베개를 높이 하여 편히 잔다는 뜻으로, 재산이 있어 몸과 마음이 편안하며, 하는 일 없이 한가하고 편안하게 지낸다는 말.

高下在心　　고하재심

높게 하거나 낮게 하거나 모두 마음에 달렸다는 뜻으로, 마음먹기에 따라 일의 성패가 결정된다는 말.

膏火自煎　　고화자전

기름 등불은 스스로 타서 소멸한다는 뜻으로, 가진 재능 때문에 재난을 스스로 부른다는 말.

古稀　　고희

예부터 드물다는 뜻으로, 사람의 나이가 '일흔 살' 또는 '일흔 살'이 된 때를 달리 이르는 말.

轂擊肩摩　　곡격견마

수레바퀴 통이 부딪치고 어깨가 서로 닿는다는 뜻으로, 인파가 붐비는 번화가의 모습을 이르는 말.

曲高和寡　　곡고화과

곡조가 높을수록 화답하는 사람이 적다는 뜻으로, 재능이 뛰어난 사람일수록 그를 추종하는 사람이 적다는 말.

曲突徙薪　　곡돌사신

굴뚝을 구부리고 굴뚝 가까이에 있는 땔나무를 옮긴다는 뜻으로, 화재를 예방하거나 재난을 미연에 방지한다는 말.

谷無虎先生兔　곡무호선생토

호랑이 없는 골짜기에서는 토끼가 선생 노릇을 한다는 뜻으로, 강한 자가 없으면 약한 자가 횡포를 부린다는 말.

曲學阿世　　곡학아세

학문을 왜곡시키고 세태에 아부한다는 뜻으로, 학문의 정도를 망각하고 시세나 권력자에게 아부를 한다는 말

困窮而通　　곤궁이통

곤궁하더라도 통할 때가 생긴다는 뜻으로, 몹시 어려운 지경에 처하더라도 오히려 그런 곳에서 살아날 길이 생긴다는 말.

困獸猶鬪　　곤수유투

곤경에 빠진 짐승일수록 더 발악한다는 뜻으로, 어려움에 처한 사람은 무슨 일을 저지를지 모른다는 말.

空谷跫音　　공곡공음

아무도 없는 쓸쓸한 골짜기에 울리는 사람의 발자국 소리란 뜻으로, 쓸쓸히 지내고 있을 때 듣는 기쁜 소식을 이르는 말.

共倒同亡　　공도동망

넘어져도 같이 넘어지고, 망해도 같이 망한다는 뜻으로, 동맹을 맺어 운명을 함께 한다는 말.

功名垂竹帛　공명수죽백

공적과 이름을 대나무와 비단에 드리운다는 뜻으로, 공적을 세워 이름을 역사에 길이 전한다는 말.

孔蛇無尺 공사무척

구멍에 든 뱀의 길이가 긴지 짧은지 알 수 없다는 뜻에서, 사람의 마음이나 재주는 세상에 드러나지 않기 때문에 헤아리기가 어렵다는 말.

空手來空手去 공수래공수거

빈손으로 왔다 빈손으로 간다는 뜻으로, 사람이 세상에 태어났다가 허망하게 죽는 것을 이르는 말.

空念佛 공염불

입으로만 욀 뿐 실천이 따르지 않는 헛된 염불이란 뜻으로, 실천이 뒤따르지 않는 주장이나 선전을 이르는 말.

攻玉以石 공옥이석

옥을 가는 데 돌을 사용한다는 뜻으로, 하찮은 물건이나 사람이라도 긴요하게 쓰일 수 있다는 말.

孔子門前賣孝經 공자문전매효경

공자의 집 문 앞에서 '효경'을 판다는 뜻으로, 전문가 앞에서 자신의 보잘것없는 재주를 과시하는 경우를 이르는 말.

功罪相補 공죄상보

공로와 죄과를 서로 상쇄한다는 뜻으로, 죄가 있으나 공이 그것을 보충할 만큼 있으므로 관대히 용서해 줄 만하다는 말.

空中樓閣 공중누각

하늘 위에 지은 누대라는 뜻으로, 헛된 망상이나 진실성이 없고 비현실적인 이야기나 문장을 이르는 말.

功虧一簣 공휴일궤

산을 쌓아 올리는데 한 삼태기의 흙을 게을리 하여 완성을 보지 못한다는 뜻으로, 거의 완성한 일을 막판에 그르치는 것을 이르는 말.

過恭非禮 과공비례

지나치게 공손하면 아첨이 된다는 뜻으로, 공손함도 지나치면 예의에 벗어나는 것이라는 말.

過麥田大醉 과맥전대취

술의 원료인 밀밭 만 지나가도 술에 취한다는 뜻으로, 전혀 술을 마시지 못하는 사람을 놀리는 말.

過門不入 과문불입

집 앞 문을 지나면서도 집에 들르지 않는 다는 뜻으로, 나라나 공적인 일을 위해 개인적인 일은 잊어버린다는 말.

過猶不及 과유불급

지나친 것은 미치지 못하는 것과 같다는 뜻으로, 모든 사물이 정도를 지나치면 도리어 안한 것만 못하다는 말.

瓜田不納履 과전불납리

남의 오이 밭에서 신을 고쳐 신지 말라는 뜻으로, 남의 의심을 받기 쉬운 일은 하지 말라는 말.

過則勿憚改 과즉물탄개

허물이 있다면 고치기를 꺼려하지 말라는 뜻으로, 잘못을 저질렀다고 후회하지 말고 그것을 빨리 바로잡으라는 말.

過火熟食 과화숙식

지나가는 불에 밥이 익는다는 뜻으로, 그 사람을 위하여 한 것은 아니지만 저절로 혜택을 입게 되는 일.

管見 관견

붓 대롱 속으로 내다본다는 뜻으로, 바늘구멍 같은 좁은 소견이라는 말로 자기가 보는 것만을 전부인 줄 알고 있는 사람을 이르는 말.

觀過知仁 관과지인

어진 사람의 과실은 후(厚)한 데 있고, 소인의 과실은 박(薄)한 데 있다는 뜻으로, 사람의 과실만 보고도 그의 인품을 알 수 있다는 말.

管窺錐指 관규추지

대나무 대롱으로 보고 송곳이 가리키는 곳을 살핀다는 뜻으로, 학식이나 견문이 좁거나, 또는 자신의 의견을 겸손하게 말할 때 쓰는 말.

寬猛相濟 관맹상제

관대함과 엄벌을 더불어 시행한다는 뜻으로, 남을 다스릴 때는 훈계와 엄한 징벌이 잘 조화되어야 한다는 말.

寬仁大度 관인대도

인정이 있고 도량이 크다는 뜻으로, 남에게 너그럽고 자애롭게 대하는 넉넉한 마음씨를 이르는 말.

官猪腹痛 관저복통

관청에서 기르는 돼지가 배를 앓는다는 뜻으로, 자기와 아무 관계없는 사람의 고통을 이르는 말.

管鮑之交 관포지교

옛날, 관중과 포숙아의 사귐이 매우 친밀하였다는 고사에서, 매우 친한 친구 사이의 사귐을 이르는 말.

刮垢摩光 괄구마광

때를 긁어 벗기고 닦아서 빛을 낸다는 뜻으로, 사람의 결점을 보완하고 덕을 길러 인재를 만든다는 말.

刮目相對 괄목상대

눈을 비비고 다시 본다는 뜻으로, 주로 손아랫사람의 학식이나 재주 따위가 놀랍도록 향상된 경우를 이르는 말.

刮佛本痲滓出 괄불본마재출

부처도 밑을 긁으면 삼오라기 가 드러난다는 뜻으로, 누구에게나 잘못을 저지르거나 단점은 있다는 말.

光陰如流 광음여류

세월이 물의 흐름과 같아 한번 지나면 되돌아오지 않는다는 뜻으로, 시간을 헛되이 보내지 말라는 말.

光陰如箭 광음여전

세월은 쏜 화살과 같아서 한번 지나면 다시 돌아오지 않는다는 뜻으로, 세월이 빠른 것을 이르는 말.

匡人其如予何 광인기여여하

광 지방 사람들이 나를 어찌할 수 있겠느냐는 뜻으로, 운명에 대한 자신감이나 맡은 사명에 대한 떳떳한 신념을 표현하는 말.

曠日彌久 광일미구

비워둔 날이 오래라는 뜻으로, 할 일은 안 하고 헛되이 세월을 보내며 일을 오래 끈다는 말.

光風霽月 광풍제월

비가 갠 뒤의 바람과 맑은 달이란 뜻으로, 사람의 심성이 맑고 깨끗하거나 그러한 사람을 이르는 말.

掛冠 괘관

관을 벗어 성문에 걸어 놓고 떠났다는 뜻으로, 벼슬을 그만두고 사퇴하여 고향으로 돌아 간다는 말.

壞汝萬里長城 괴여만리장성

네가 너의 만리장성을 허물어버린다는 뜻으로, 자신의 든든한 방패막이가 될 사람을 순간적인 욕심 때문에 제거했을 때 쓰는 말.

矯角殺牛　교각살우

소의 뿔을 바로잡으려다가 소를 죽인다는 뜻으로, 결점이나 흠을 고치려다가 수단이 지나쳐 일을 그르친다는 말.

蛟龍雲雨　교룡운우

교룡이 구름과 비를 만난다는 뜻으로, 영웅호걸이 뜻을 펼 수 있는 기회를 만나 크게 활약한다는 말.

巧言令色　교언영색

교묘한 말과 부드러운 얼굴빛이라는 뜻으로, 남의 환심을 사기 위해 아첨하는 교묘한 말과 보기 좋게 꾸민 표정을 이르는 말.

矯枉過正　교왕과정

구부러진 것을 바로잡으려다가 지나치게 곧게 한다는 뜻으로, 잘못을 바로잡으려다가 지나쳐서 오히려 나쁘게 된다는 말.

敎子采薪　교자채신

자식에게 장작을 마련하는 방법을 가르친다는 뜻으로, 일시적으로 돕는 것이 아니라 자기 힘으로 살아갈 수 있게 가르친다는 말.

交絶不出惡聲　교절불출악성

비록 교제(交際)를 끊은 뒤라도 그 사람에 대한 험담(險談)은 입 밖에 내지 말고 지내야 한다는 말.

膠柱鼓瑟　교주고슬

비파나 거문고의 기둥을 아교풀로 고착시켜 버리면 한 가지 소리밖에 나지 않는다는 뜻으로, 고지식하여 조금도 융통성이 없는 사람을 이르는 말.

巧取豪奪　교취호탈

온갖 술책을 다하여 백성을 착취하고 약탈한다는 뜻으로, 백성의 재물을 약탈하는 데 여념이 없는 탐관오리를 이르는 말.

膠漆之交　　교칠지교

아교와 옻칠과 같이 끈끈한 사귐이란 뜻으로, 서로 떨어질 수 없는 매우 친밀한 교분이라는 말.

狡兔死走狗烹　교토사주구팽

토끼를 다 잡으면 사냥개를 삶는다는 뜻으로, 필요할 때는 소중히 여기다가도 그 일이 끝나 쓸모가 없어지면 버려지고 만다는 말.

狡兔三窟　　교토삼굴

교활한 토끼가 숨을 세 군데의 굴이라는 뜻으로, 처세에 능한 사람이 교묘하게 잘 숨어 재난을 피한다는 말.

教學相長　　교학상장

가르치면서 배우고 배우는 자에게도 가르침을 받는다는 뜻으로, 모든 것이 자신의 학업에 도움이 된다는 말.

口講指畵　　구강지화

입으로는 설명하고 손으로는 그림을 그린다는 뜻으로, 간곡하고 친절하게 가르쳐 주는 교육의 자세를 이르는 말.

鳩居鵲巢　　구거작소

비둘기가 스스로는 집을 짓지 않고 까치가 지어 놓은 집에 들어와 산다는 뜻으로, 남이 이루어놓은 것을 가로챈다는 말.

九曲肝腸　　구곡간장

굽이굽이 서린 간과 창자라는 뜻으로, 깊은 마음속이나 속속들이 사무친 서러운 마음속을 이르는 말.

駒隙　　　　구극

망아지가 달리는 것을 문틈으로 보는 것과 같이 눈 깜빡할 동안이라는 뜻으로, 인생이 덧없이 빨리 지나간다는 말.

口頭禪　　구두선

입으로만 하는 참선이란 뜻으로, 불교에서, 경문을 읽기만 할 뿐 진정으로 불도를 수행하지 않는 말.

鷗盟　　구맹

갈매기와 벗하기로 맺은 약속이란 뜻으로, 속세를 떠나 풍치를 찾아 즐기며 멋스럽게 노닌다는 말.

狗猛酒酸　　구맹주산

개가 사나우면 그 집의 술이 쉰다는 뜻으로, 한 나라에 간신이 많으면 충신은 모이지 않는 다는 말.

口無完人　　구무완인

그 입에 오르면 완전한 사람이 없다는 뜻으로, 누구에게나 좋게 말하지 않고 남의 약점만 들추어내는 사람을 이르는 말.

狗尾續貂　　구미속초

담비의 꼬리가 모자라서 개 꼬리로 잇는다는 뜻으로, 훌륭한 것에 보잘것없는 것이 잇닿아 있다는 말.

口蜜腹劍　　구밀복검

입으로는 달콤한 말을 하면서 뱃속에는 칼을 지녔다는 뜻으로, 겉으로는 친절한 체하나 속으로는 해칠 생각을 한다는 말.

狗飯橡實　　구반상실

개밥에 도토리란 뜻으로, 아무도 돌아보지 않는 천덕꾸러기를 이르는 말이나, 끼지 않아야 할 곳에 끼어드는 경우를 이르는 말.

救焚拯溺　　구분증닉

불에 타고 물에 빠진 사람을 구해준다는 뜻으로, 위급한 처지에 있는 사람을 구제한다는 말.

狗不以善吠爲良 구불이선폐위량

잘 짖는다고 좋은 개가 아니라 도적을 잘 분간하여 짖어야 좋은 개라는 뜻으로, 좋은 말을 많이 한다고 해선 반드시 현인이라고 할 수는 없다는 말.

九死一生 구사일생

아홉 번 죽을 번하다 한 번 살아난다는 뜻으로, 여러 차례 죽을 고비에서 헤매다가 겨우 살아난다는 말.

口尚乳臭 구상유취

입에서 아직도 젖내가 난다는 뜻으로, 나이가 어리고 경험이 없어 언행이 유치한 경우를 비웃으며 하는 말.

具色親舊 구색친구

구색 갖추기로 만나는 친구라는 뜻으로, 깊은 우정은 없지만 각 분야에 걸쳐서 널리 사귀는 벗을 이르는 말.

口雖喎直吹螺 구수괘직취라

입은 비뚤어졌으나 소라는 바로 불라는 뜻으로, 거짓이나 꾸밈이 없이 말은 바른대로 하라는 말.

鳩首會議 구수회의

비둘기들이 모여 머리를 맞대고 회의를 한다는 뜻으로, 몇 사람이 머리를 맞대다시피 하여 소곤소곤 의논함, 또는 그런 회의를 이르는 말.

口是心非 구시심비

말로는 옳다 하면서 마음속으로는 그르게 여긴다는 뜻으로, 입으로 하는 말은 옳으나 실제로 실천되는 건 없다는 말.

咎實在我 구실재아

잘못이 실제로 자기에게 있다는 뜻으로, 남의 허물이 아니라 자기의 잘못이라고 스스로 인정한다는 말.

口若懸河　　구약현하

말솜씨가 청산유수와 같다는 뜻으로, 흐르는 물과 같이 거침없이 말을 잘하는 것을 이르는 말.

九牛一毛　　구우일모

아홉 마리 소의 털 가운데 한 개라는 뜻으로, 많은 가운데 섞인 아주 적은 것을 비유하여 이르는 말.

口耳之學　　구이지학

귀로 들은 것을 그대로 남에게 이야기하는 학문이라는 뜻으로, 조금도 자기의 것으로 소화하지 못하는 학문을 이르는 말.

九仞功虧一簣　　구인공휴일궤

산을 쌓은 공을 마지막 한 삼태기의 흙이 헐어 버린다는 뜻으로, 조금만 더 노력했으면 완성되었을 일이 대수롭지 않은 방심으로 허사가 된다는 말.

求田問舍　　구전문사

논밭이나 살림할 집을 구하여 산다는 뜻으로, 논밭이나 집 따위 재산에만 마음을 쓸 뿐 원대한 뜻이 없다는 말.

口傳心授　　구전심수

말로 전하고 마음으로 가르친다는 뜻으로, 일상생활을 통하여 저절로 몸에 배이도록 가르친다는 말.

九折羊腸　　구절양장

꼬불꼬불하게 서린 양의 창자라는 뜻으로, 산길 따위가 몹시 험하거나 세상이 복잡하여 살아가기가 어렵다는 말.

求則得之舍則失之　　구즉득지사즉실지

구하면 얻을 것이고 버려두면 잃을 것이라는 뜻으로, 진실로 나에게 가치가 있고 반드시 필요한 것은 모두 내 안에 있다는 말.

狗逐鷄屋只梯 구축계옥지제

닭 쫓던 개 지붕 쳐다본다는 뜻으로, 일이 뜻대로 되지 않거나 실패로 돌아가 기운이 풀리고 낙심한다는 말.

口稱念佛 구칭염불

소리 내어 입으로 외는 염불이란 뜻으로, 입으로 부처의 이름을 부르면서 그의 모습이나 공덕을 생각한다는 말.

久旱逢甘雨 구한봉감우

오랜 가뭄 끝에 내리는 단비라는 뜻으로, 오랜 고생 끝에 보람 있는 즐거운 일이 생긴다는 말.

口禍之門 구화지문

입은 재앙을 불러들이는 문이 된다는 뜻으로, 경우 없이 말을 해서 남에게 실례를 범하는 것을 경계하는 말.

救火投薪 구화투신

불을 끈다고 하면서 장작을 더 던진다는 뜻으로, 폐해를 없앤다고 한 짓이 오히려 폐해를 더욱 조장한다는 말.

國家昏亂有忠臣 국가혼란유충신

나라가 어지러우면 충신이 나온다는 뜻으로, 충신이 있는 시대는 불행한 시대라는 데서 생긴 말.

鞠躬盡瘁 국궁진췌

몸을 굽혀 기력이 다할 때까지 노력 한다는 뜻으로, 마음과 힘을 다하여 나라를 위하여 힘을 쓴다는 말.

國士無雙 국사무쌍

한 나라 안에서 가장 뛰어난 인물이라는 뜻으로, 기량이 아주 출중하여 달리 비견할 만한 사람이 없다는 말.

國人皆曰可殺 국인개왈가살

나라 사람이 모두 죽여야 한다고 말을 한다는 뜻으로, 여론을 널리 들어 본 뒤에 정책을 시행해야 한다는 말.

跼蹐 국척

머리가 하늘에 닿을까 봐 등을 굽히고, 땅이 꺼질까 봐 살금살금 걷는다는 뜻으로, 황송해서 몸 둘 바를 모른다는 말.

國破山河在 국파산하재

나라는 깨졌어도 산하는 변함이 없다는 뜻으로, 극심한 변화에도 아랑곳 하지 않는 자연의 모습을 이르는 말.

群輕折軸 군경절축

아무리 가벼운 것이라도 뭉치면 차축이라도 꺾을 수 있다는 뜻으로, 아무리 적은 힘이라도 한 덩어리가 되면 강적에 대항할 수 있다는 말.

群鷄一鶴 군계일학

닭의 무리 속에 있는 한 마리 학이라는 뜻으로, 평범한 사람 가운데의 뛰어난 사람을 이르는 말.

群盲撫象 군맹무상

여러 소경이 코끼리를 만진다는 뜻으로, 모든 사물을 자기 주관과 좁은 소견으로 판단한다는 말.

君命有所不受 군명유소불수

임금의 명령도 받아들여지지 않을 때가 있다는 뜻으로, 국가의 전쟁을 수행 중에 있는 장수는 경우에 따라 임금의 명령도 거부할 수 있다는 말.

君辱臣死 군욕신사

임금이 치욕을 당하면 신하는 죽는 다는 뜻으로, 임금과 신하는 생사고락을 함께 한다는 말.

群蟻附羶 군의부전
개미떼가 노린내가 나는 양고기에 달라붙는다는 뜻으로, 이익이 있는 곳에 사람들이 몰려든다는 말.

君子大路行 군자대로행
군자는 큰길로 걸어간다는 뜻으로, 군자는 숨어서 일을 도모하거나 부끄러운 일을 하지 않고 옳고 바르게 행동함으로써 남의 본보기가 된다는 말.

君子不器 군자불기
군자는 한 가지 용도로만 쓰이는 그릇과 같지 않다는 뜻으로, 군자는 기량이 워낙 커서 측량할 수 없다는 말.

君子之德風 군자지덕풍
군자의 덕은 바람과 같다는 뜻으로, 바람이 불면 풀이 그 방향으로 눕듯이 윗사람의 행동은 곧 아랫사람이 행동하는 데 표본이 된다는 말.

君子豹變 군자표변
군자는 표범과 같이 변한다는 뜻으로, 군자는 허물을 고쳐 바른길을 가는 것을 분명히 한다는 말.

屈臣制天下 굴신제천하
군주가 신하에게 굽혀서 천하를 얻는다는 뜻으로, 손아랫사람이나 지위나 학식이 자기보다 못한 사람에게 묻는 것을 부끄러워하지 않는다는 말.

窮寇莫追 궁구막추
궁지에 몰린 적을 끝까지 추격하면, 필사적으로 발악하여 해를 입기 쉬우니, 지나치게 핍박하여 추적하지 말라는 말.

窮無所不爲 궁무소불위
궁하면 무슨 짓이든 한다는 뜻으로, 사람이 살기 어려우면 예의나 염치를 돌보지 않는다는 말.

窮鼠囓猫　궁서설묘

쥐가 궁지에 몰리면 고양이를 문다는 뜻으로, 궁지에 이르면 아무리 약한 자라도 강적에게 겁 없이 덤빈다는 말.

窮餘之策　궁여지책

몹시 어려운 처지에서 짜낸 꾀라는 뜻으로, 막다른 골목에서 그 국면을 타개하려고 생각다 못해 짜낸 한 가지 꾀를 이르는 말.

窮猿投林　궁원투림

다급한 원숭이는 나무를 가리지 않는다는 뜻으로, 가난할 때는 아무 벼슬이나 해서 살아 남아야 한다는 말.

窮人謀事　궁인모사

운수가 궁한 사람이 꾸미는 일은 실패한다는 뜻으로, 일이 뜻대로 이루어지지 않고 자꾸만 꼬여간다는 말.

弓的相適　궁적상적

활과 과녁이 서로 맞는다는 뜻으로, 하려는 일과 좀처럼 얻기 어려운 기회가 딱 맞는다는 말.

弓折箭盡　궁절전진

활이 꺾이고 화살이 다 떨어졌다는 뜻으로, 최선을 다하였으나 고단한 형세를 면하지 못하였다는 말.

窮鳥入懷　궁조입회

막다른 골목에 몰린 새가 사람의 품안으로 날아든다는 뜻으로, 곤궁하여 의지하러 오는 생명은 보살펴 주어야 한다는 말.

窮通各有命　궁통명유명

사람의 곤궁함과 영달이 모두 운명에 달려 있다는 뜻으로, 해야 할 일을 다 하고 다음은 조용히 결과를 기다려야 한다는 말.

卷甲 　　　권갑

갑옷을 거두어 쓰지 않는다는 뜻으로, 전쟁이 끝났기 때문에 갑옷이 필요 없는 태평한 시대가 되었다는 말.

權謀術數 　　　권모술수

남을 교묘하게 속이는 술책이란 뜻으로, 목적을 달성하기 위해서는 인정이나 도덕도 돌보지 않고 온갖 수단과 방법을 쓴다는 말.

權不十年花無十日紅 　　　권불십년화무십일홍

권세는 10년을 가지 못하고 꽃은 10일이 지나면 진다는 뜻으로, 아무리 높고 센 권세라도 그렇게 오래 가지는 못한다는 말.

勸上搖木 　　　권상요목

나무에 올라가라고 권하고는 밑에서 흔든다는 뜻으로, 남을 부추겨놓고는 일을 방해한다는 말.

捲土重來 　　　권토중래

땅을 마는 것 같은 세력으로 다시 온다는 뜻으로, 어떤 일에 패한 뒤 힘을 길러 다시 일어난다는 말.

厥鑑惟不遠 　　　궐감유불원

그 귀감은 먼 데 있지 아니하고, 바로 목전에 있다는 뜻으로, 본받을 만한 본보기는 가까운 데서 찾으라는 말.

軌範 　　　궤범

본보기가 된다는 뜻으로, 어떤 일을 판단하거나 평가하거나 행동하는 데 남의 본보기가 될 만한 기준을 이르는 말.

詭辯 　　　궤변

도리에 맞지 않는 변론이라는 뜻으로, 이치에 닿지 않거나 진실이 아닌 것을 진실인 것처럼 말로 그럴 듯하게 둘러대는 말.

詭銜竊轡 궤함절비

말이 재갈을 뱉어내고 고삐를 물어뜯는다는 뜻으로, 속박이 심하면 자유를 얻으려는 몸부림이 심해진다는 말.

歸去來 귀거래

되돌아간다는 뜻으로, 구차스러운 벼슬을 그만두고 고향으로 돌아가 한가하게 지낸다는 말.

貴鵠賤鷄 귀곡천계

고니를 귀하게 여기고 닭을 천하게 여긴다는 뜻으로, 세상 사람의 심정이 가까운 데 있는 것을 천하게 여기고 먼 데 것을 귀하게 여긴다는 말.

歸馬放牛 귀마방우

말을 돌려보내고 소를 풀어놓는다는 뜻으로, 전쟁이 끝나고 태평한 시대를 여는 것을 이르는 말.

龜背刮毛 귀배괄모

거북 등에서 털을 깎는다는 뜻으로, 불가능한 일이나 되지도 않을 일을 무리해서 하려고 한다는 말.

貴不忘賤 귀불망천

귀하게 되어서도 천했을 때 일을 잊지 않는다는 뜻으로, 사람이 부유해질수록 옛날 어려웠을 때를 교훈으로 삼아야 한다는 말.

貴珠出賤蚌 귀주출천방

귀한 진주가 천한 조개에서 나온다는 뜻으로, 변변치 못한 집안에서 훌륭한 인물이 나왔다는 말.

隙駒光陰 극구광음

흘러가는 세월의 빠름은 달려가는 말을 문틈으로 보는 것과 같다는 뜻으로, 인생의 덧없고 짧음을 비유하는 말.

克己復禮　　극기복례

나를 이기고 예를 회복한다는 뜻으로, 개인의 욕망을 누르고 공공의 이익을
위하여 예를 회복한다는 말.

近墨者黑　　근묵자흑

먹을 가까이하면 검어진다는 뜻으로, 사람은 가까이 하는 사람에 따라 그 영
향을 받아서 변하는 것이니 조심하라는 말.

瑾瑜匿瑕　　근유익하

옥에도 티가 있다는 뜻으로, 현인군자도 허물이 없을 수 없으니 그 허물을 덮
어 준다는 말.

槿花一日榮　　근화일일영

무궁화는 하루만 피어 있다는 뜻으로, 인생의 슬픔이니 즐거움이니 하는 것
이 다 부질없는 것이라는 말.

禽困覆車　　금곤복거

잡힌 짐승도 괴로우면 수레를 엎는다는 뜻으로, 약자도 죽을 각오면 큰 힘을
발휘한다는 말.

金科玉條　　금과옥조

금이나 옥과 같이 귀중히 여기여 꼭 받아들여야 할 법률이란 뜻으로, 소중히
여기어 꼭 지켜야 하는 법칙이나 규정을 이르는 말.

金蘭之交　　금란지교

단단함이 쇠와 같고, 향긋함이 난초 같은 사귐이라는 뜻으로, 친구 사이의 매
우 도타운 사귐을 이르는 말.

錦鱗玉尺　　금린옥척

비늘이 비단처럼 번쩍이는 옥 같은 물고기라는 뜻으로, 싱싱하고 아름다운
큰 물고기를 비유하는 말.

錦上添花 금상첨화

비단 위에 다시 꽃 장식을 더한다는 뜻으로, 좋은 일 위에 또 좋은 일이 더하여지는 것을 이르는 말.

金石盟約 금석맹약

쇠나 돌같이, 단단하고 굳센 약속이라는 뜻으로, 금석처럼 굳고 변함없는 약속을 이르는 말.

金城鐵壁 금성철벽

금으로 된 성과 철로 만든 벽이란 뜻으로, 방비가 튼튼한 성이나 아주 견고한 사물을 이르는 말.

琴瑟之樂 금슬지락

거문고와 비파가 서로 조화를 이룬다는 뜻으로, 부부 사이의 다정하고 화목한 즐거움을 이르는 말.

錦衣夜行 금의야행

비단옷을 입고 밤길을 걷는다는 뜻으로, 아무 보람이 없는 행동을 하거나 남들이 알아주지 않는 일을 일컫는 말.

錦衣一食 금의일식

비단옷과 먹을 것을 바꾼다는 뜻으로, 호화로운 비단옷보다 한 그릇의 밥이 더 필요하다는 말.

錦衣還鄉 금의환향

비단 옷을 입고 고향에 돌아온다는 뜻으로, 타향에서 크게 출세를 하고 제 고향에 돌아온다는 말.

金枝玉葉 금지옥엽

황금으로 된 나뭇가지와 옥으로 만든 잎이란 뜻으로, 임금의 자손이나 집안을 높이어 이르는 말.

金丸彈雀　　　금환탄작

금 탄환으로 참새를 쏜다는 뜻으로, 소득이 적은데 쓸데없이 많은 비용을 들인다는 말로, 얻는 것보다 잃는 것이 더 많다는 말.

及瓜而代　　　급과이대

오이가 익을 무렵이 되면 교체해 준다는 뜻으로, 임기를 마치면 좋은 자리로 옮겨 주겠다는 약속을 이르는 말.

及溺呼船　　　급익호선

물에 빠진 다음에 배를 부른다는 뜻으로, 이미 일이 잘못 된 것을 뉘우쳐도 소용이 없다는 말.

掎角之勢　　　기각지세

한 사람은 뒤에서 사슴의 다리를 붙잡고 한 사람은 앞에서 뿔을 붙잡는 다는 뜻으로, 앞뒤에서 적과 맞서는 태세를 이르는 말.

氣高萬丈　　　기고만장

기운의 높이가 만 길이라는 뜻으로, 일이 뜻대로 잘될 때 기꺼워하거나, 또는 성을 낼 때에 그 기운이 펄펄 난다는 말.

綺羅星　　　기라성

밤하늘에 반짝이는 수많은 별이라는 뜻으로, 당당한 사람들이나 고위층이 많이 모여 있다는 말.

麒麟兒　　　기린아

기린은 신령한 짐승으로 일컬어지는 상상 속의 동물을 뜻하며, 슬기와 재주가 남달리 뛰어난 젊은이를 이르는 말.

騎馬欲率奴　　　기마욕솔노

말을 타면 종을 부리려 한다는 뜻으로, 인간의 욕심은 한도 끝도 없고 탐욕스러워 만족할 줄을 모른다는 말.

驥服鹽車　　기복염거

천리마가 소금을 실은 수레를 끈다는 뜻으로, 유능한 사람이 천한 일에 종사
하게 된 것을 이르는 말.

飢不擇食　　기불택식

굶주린 사람은 먹을 것을 가리지 않는다는 뜻으로, 빈곤한 사람은 대수롭지
않은 은혜에도 감격을 한다는 말.

起死回生　　기사회생

죽은 사람을 살린다는 뜻으로, 원래는 의술이 뛰어난 것을 일컫는 말이었으
나 오늘날에는 뜻이 조금 바뀌어 힘든 역경을 이겨 내고 다시 재기한다는 말.

奇想天外　　기상천외

기이한 생각이 하늘에서 떨어진다는 뜻으로, 보통 사람이 생각할 수 없는 엉
뚱한 생각을 이르는 말.

技成眼昏　　기성안혼

재주를 익히고 나니 눈이 어둡다는 뜻으로, 재주는 좋으나 늙어서 훌륭한 기
술이 아무 소용없다는 말.

旣往不咎　　기왕불구

이미 지나간 일은 탓하지 않는다는 뜻으로, 이미 지난 일은 어찌할 도리가 없
고 앞으로의 일이나 잘 챙겨야 한다는 말.

杞憂　　　　기우

기(杞)나라 사람이 하늘이 내려앉지나 않나 걱정했다는 고사에서, 쓸데없는
근심이나 지나친 걱정을 이르는 말.

飢者易爲食　　기자이위식

배고픈 사람은 음식을 가리지 않고 달게 먹는다는 뜻으로, 곤궁한 사람은 사
소한 은혜도 고맙게 받는다는 말.

旣借堂又借房　기차당우차방

행랑을 빌려 살다가 안방까지 차지한다는 뜻으로, 남에게 의지하였다가 차차 그 권리를 침범하는 것을 이르는 말.

騎虎之勢　기호지세

호랑이를 타고 달리는 사람이 도중에서 내릴 수 없다는 뜻으로, 도중에 그만 두거나 물러나거나 할 수 없는 내친 형세를 이르는 말.

奇貨　기화

기이한 보화라는 뜻으로, 나중에 요긴하게 이용할 수 있는 뜻밖의 물건이나 기회를 이르는 말.

奇貨可居　기화가거

진귀한 물건은 확보해두는 게 좋다는 뜻으로, 나중에 이용가치가 큰 사람을 돌보아준다는 말.

羅雀掘鼠　나작굴서

그물을 쳐서 참새를 잡고 굴을 파서 쥐를 잡는다는 뜻으로, 궁지에 몰려 할 수 있는 일은 다 해보는 것을 비유하는 말.

落落難合　낙락난합

여기저기 떨어져 있어서 모이기가 어렵다는 뜻으로, 뜻이 커서 사회에 맞출 수가 없다는 말.

落魄　낙백

넋이 달아났다는 뜻으로, 일정한 직업이 없고 너무 가난해서 끼니도 잇지 못 하는 신세를 이르는 말.

洛陽紙價貴 낙양지가귀

낙양 땅의 종이 값이 크게 오른다는 뜻으로, 책이나 글이 호평을 받아 아주 잘 팔리는 것을 이르는 말.

落月屋梁 낙월옥량

자다가 깨어보니 지는 달이 지붕 위를 비춘다는 뜻으로, 벗이나 고인을 그리는 마음이 간절하다는 말.

落穽下石 낙정하석

함정에 빠진 사람에게 돌을 던진다는 뜻으로, 다른 사람이 재앙을 당했을 때 도와주기는커녕 더 큰 재앙이 닥치도록 한다는 말.

落花難上枝 낙화난상지

떨어진 꽃은 가지에 다시 붙기 어렵다는 뜻으로, 한 번 깨진 인연은 다시 돌이킬 수 없다는 말.

難得者兄弟 난득자형제

형제란 사람의 힘으로 된 것이 아니라는 뜻으로, 형제간에는 우애가 깊고 원만하게 지내야 한다는 말.

難上之木勿仰 난상지목물앙

못 오를 나무는 쳐다보지도 말라는 뜻으로, 불가능한 일은 하지도 말고 기대하지도 말라는 말.

暖衣飽食 난의포식

따뜻이 입고 배불리 먹는 다는 뜻으로, 배불리 먹고 의식에 부족함이 없이 편안히 지낸다는 말.

難兄難弟 난형난제

누구를 형이라 하고 누구를 아우라 하기 어렵다는 뜻으로, 두 사물이 엇비슷해서 서로 우열을 가리기 어렵다는 말.

南柯一夢　　　남가일몽

남쪽으로 뻗은 나뭇가지 밑에서 잠깐 동안 꾼 꿈이라는 뜻으로, 한때의 부귀와 권세는 꿈과 같다는 말.

南橘北枳　　　남귤북지

강남 땅의 귤나무를 강북에 옮겨 심으면 탱자로 변한다는 뜻으로, 사람은 환경에 따라 선하게도 악하게도 된다는 말.

攬髮而拯　　　남발이증

물에 빠진 사람의 머리카락을 잡아 구해 준다는 뜻으로, 급하면 사소한 예의를 버린다는 말.

男負女戴　　　남부여대

남자는 짐을 등에 지고, 여자는 짐을 머리에 인다는 뜻으로, 가난한 사람이나 재난을 당한 사람들이 살 곳을 찾아 이리저리 떠돌아다닌다는 말.

攬轡澄淸　　　남비징청

말고삐를 잡으면서 정치를 맑고 깨끗하게 할 것을 다짐한다는 뜻으로, 관직에 나가면서 공명정대한 정치를 하겠다는 의지를 비유하는 말.

南山可移　　　남산가이

남산은 옮길 수 있어도 이미 내린 결정은 절대로 고칠 수 없다는 뜻으로, 한 번 먹은 결심을 절대로 굽히지 않겠다는 말.

濫觴　　　남상

큰 강물도 그 시초는 한 잔에 넘칠 정도의 물이라는 뜻에서, 모든 사물의 처음과 출발점을 이르는 말.

男兒一言重千金　　　남아일언중천금

남자의 말 한마디가 천금같이 무겁고 가치가 있다는 뜻으로, 말의 중요성을 강조하는 말.

南轅北轍 남원북철

남쪽으로 가려 하면서 수레는 북쪽으로 몰고 간다는 뜻으로, 행동이 목적과 상반되거나 두 가지 사물이 정반대로 나가는 것을 비유하는 말.

南田北畓 남전북답

밭은 남쪽에 논은 북쪽에 있다는 뜻으로, 가진 논밭이 여기저기 흩어져 있는 것을 이르는 말.

濫吹 남취

함부로 분다는 뜻으로, 무능한 사람이 재능이 있는 것처럼 속여서 외람 되게 높은 자리를 차지하는 것을 이르는 말.

南風不競 남풍불경

남쪽으로부터 불어오는 바람은 미약하고 생기가 없다는 뜻으로, 힘이나 기세가 떨치지 못할 때를 이르는 말.

納粟加資 납속가자

조선 때, 흉년과 병란(兵亂)이 있을 때, 곡식을 많이 바친 사람에게 정삼품의 벼슬을 주던 일을 이르는 말.

狼多肉小 낭다육소

이리는 많은데 먹을 고기는 적다는 뜻으로, 금액은 적은데 분배를 원하는 사람은 많다는 말.

狼牧羊 낭목양

이리가 양을 기른다는 뜻으로, 곧, 커다란 위험이나 참혹한 일이 다가오고 있어 해를 입게 된다는 말.

狼子野心 낭자야심

이리새끼는 흉포해서 길들이기 어렵다는 뜻으로, 포악한 사람이나 신의가 없는 사람은 쉽게 교화시킬 수 없다는 말.

囊中之錐 　　낭중지추

주머니 속의 송곳이란 뜻으로, 유능한 사람은 숨어 있어도 자연히 그 존재가
드러나게 된다는 말.

囊中取物 　　낭중취물

주머니 속에 지닌 물건을 꺼낸다는 뜻으로, 아주 쉬운 일 또는 손쉽게 얻을
수 있는 것을 이르는 말.

狼狽 　　낭패

악당들이 모여 못된 흉계를 꾸민다는 뜻으로, 이러지도 저러지도 못하는 매
우 난처한 상황에 처해 있다는 말.

内憂外患 　　내우외환

나라 안의 걱정거리와 나라 밖에서 오는 환란이라는 뜻으로, 나라 안팎으로
온갖 걱정거리가 많다는 말.

内柔外剛 　　내유외강

안은 부드럽고 겉은 강하다는 뜻으로, 사실은 마음이 부드러운데도 겉으로
보기에는 강하게 보인다는 말.

來者可追 　　내자가추

이미 지난 일은 어쩔 수 없으나 앞으로의 일은 조심하기만 하면 지금까지와
같은 과실을 범하지 않는다는 말.

内助之功 　　내조지공

아내가 집안을 잘 다스려 남편을 돕는 다는 뜻으로, 세상에 드러내지 않고 내
부에서 돕는다는 말.

内清外濁 　　내청외탁

속은 맑으나 겉은 흐리다는 뜻으로, 어지러운 세상을 살아가려면 마음은 맑
게 가지면서도 행동은 흐린 것처럼 하여야 한다는 말.

冷暖自知 냉난자지

물이 찬지 따뜻한지는 마시는 사람이 안다는 뜻으로, 자기 일은 남의 말을 듣지 않고도 안다는 말.

怒甲移乙 노갑이을

갑에 대하여 노한 것을 을에게 옮긴다는 뜻으로, 어떤 사람에게 당한 분함을 애매한 사람에게 화풀이를 한다는 말.

老驥伏櫪 노기복력

늙은 준마가 마구간에서 대기하고 있다는 뜻으로, 뛰어난 인재는 늙어도 큰 뜻을 품고 있다는 말.

路柳墻花 노류장화

누구든지 꺾을 수 있는 길가의 버들과 담 밑의 꽃이라는 뜻으로, 기생이나 창녀를 이르는 말.

駑馬十駕 노마십가

느리고 둔한 말도 준마의 하룻길을 열흘에는 갈 수 있다는 뜻으로, 재주가 없는 사람도 열심히 노력하면 훌륭해진다는 말.

駑馬戀棧豆 노마연잔두

어리석고 둔한 말이 외양간의 콩을 그리워한다는 뜻으로, 재능도 없는 자가 관직에 매달려 있다는 말.

老馬厭太乎 노마염태호

늙은 말이 콩을 싫어하겠느냐는 뜻으로, 늙어도 본능적 욕망이나 의지는 없어지지 않는다는 말.

老馬之智 노마지지

늙은 말의 지혜라는 뜻으로, 상대방이 누구든지 가리지 말고 배울 점이 있으면 배워야 한다는 말.

怒髮衝冠　　노발충관

심한 분노로 곤두선 머리털이 머리에 쓴 관을 치켜 올린다는 뜻으로, 크게 성이 난 모습을 이르는 말.

路傍殘邑　　노방잔읍

큰길가의 작은 고을이라는 뜻으로, 높은 벼슬아치를 대접하느라고 백성의 생활이 피폐해진 큰 길가의 작은 고을을 이르는 말.

路不拾遺　　노불습유

길에 떨어진 물건을 줍지 않는다는 뜻으로, 나라가 잘 다스려져 사회 분위기가 좋은 것을 이르는 말.

老生常譚　　노생상담

늙은 서생이 늘 하는 말이란 뜻으로, 새로운 의견이 없이 늘 들어서 누구나 알고 있는 상투적인 말.

老少不定　　노소부정

죽는 것은 나이순서가 아니라는 뜻으로, 죽는 데는 순서가 없다는 말로 늙은 이가 꼭 먼저 죽는 것만은 아니라는 말.

怒蠅拔劍　　노승발검

성가시게 구는 파리를 보고 칼을 뽑는다는 뜻으로, 사소한 일에 화를 내는 사람을 비웃는 말.

勞心焦思　　노심초사

애를 쓰고 속을 태운다는 뜻으로, 어떤 일을 하거나 생각해 내기에 마음을 썩이며 몹시 애를 쓴다는 말.

奴顔婢膝　　노안비슬

남자 종의 아첨하는 얼굴과 여자 종의 무릎걸음이라는 뜻으로, 남과 사귐에서 지나치게 굽실거리는 비굴한 태도를 이르는 말.

老牛舐犢之愛 노우지독지애

어미 소가 송아지를 핥아주는 사랑이란 뜻으로, 자식에 대한 부모의 깊은 사랑을 비유하는 말.

勞而無功 노이무공

열심히 일을 하였지만 공이 없다는 뜻으로, 나름대로 노력은 했지만 이렇다 할 성과를 거두지 못하였다는 말.

老益壯 노익장

늙을수록 더욱 씩씩해진다는 뜻으로, 늙었어도 의욕이나 기력은 젊은이 못지 않게 장하고 왕성하다는 말.

怒蹴巖 노축암

몹시 성이 나서 바위를 찬다는 뜻으로, 분을 참지 못하면 오히려 자기 몸을 해치게 된다는 말.

老婆心 노파심

노파가 몹시 걱정한다는 뜻으로, 남의 일에 대하여 지나치게 걱정을 너무 많이 하는 마음을 이르는 말.

綠鬢紅顔 녹빈홍상

윤이 나는 검은 귀밑머리와 아름다운 얼굴이라는 뜻으로, 젊은 여자의 아름다움을 이르는 말.

鹿死誰手 녹사수수

사슴은 누구의 손에 죽는 가란 뜻으로, 양자 간에 실력이 대등해서 승부가 어떻게 날지 알 수 없을 때 쓰는 말.

綠葉成陰 녹엽성음

푸른 잎이 무성하게 피어 그늘이 짙게 드리운다는 뜻으로, 혼인한 여자가 슬하에 많은 자녀를 둔 것을 비유하는 말.

綠陰芳草 녹음방초

푸르게 우거진 나뭇잎의 그늘과 풀이란 뜻으로, 주로 여름철의 아름다운 자연 경치를 이르는 말.

論功行賞 논공행상

공로를 따져 상을 준다는 뜻으로, 세운 공을 평가하고 의논하여 표창을 하거나 상을 준다는 말.

壟斷 농단

깎아지른 듯이 높이 솟은 언덕에서 지세를 살핀다는 뜻으로, 이익이나 권리를 독차지한다는 말.

籠鳥戀雲 농조연운

새장에 갇힌 새가 구름을 그리워한다는 뜻으로, 속박당한 몸이 자유를 그리는 마음을 이르는 말.

賴亂勿計利 뇌란물계리

어려움에 처해 의지하는 사람에게는 이익을 계산해서는 안 된다는 뜻으로, 혼란을 틈타 자신의 이익을 구하게 되면 곧 자신에게도 해가 돌아온다는 말.

雷逢電別 뇌봉전별

우레같이 만났다가 번개같이 헤어진다는 뜻으로, 갑자기 만났거나 잠깐 만났다가 곧 헤어진다는 말.

累卵之勢 누란지세

알을 포개 놓은 위기라는 뜻으로, 조금만 건드려도 무너질 것 같은 위험한 상태. 매우 위험한 상태에 처해 있다는 말.

漏脯充饑 누포충기

썩은 고기로 배를 채운다는 뜻으로, 눈앞의 이익만 보고 나중에 일어날 재난은 생각 못한다는 말.

訥言敏行　눌언민행

사람은 말하기는 쉬워도 행하기는 어렵다는 뜻으로, 군자는 언어는 둔하여도 행동은 민첩해야 한다는 말.

陵谷之變　능곡지변

언덕이 변하여 골짜기가 되고 골짜기가 변하여 언덕이 된다는 뜻으로, 세상 일의 변천이 극심하다는 말.

能書不擇筆　능서불택필

서예에 능한 사람은 붓을 가리지 않는다는 뜻으로, 재주나 능력이 경지에 이른 사람은 도구나 성능에 구애받지 않고 일을 잘 처리한다는 말.

能小能大　능소능대

모든 일을 두루 잘 한다는 뜻으로, 사람과 접촉하는 수단이 뛰어나고 모든 일을 임기응변으로 잘 처리한다는 말.

多岐亡羊　다기망양

달아난 양을 찾다가 길이 여러 갈래로 갈려 마침내 양을 잃었다는 뜻으로, 학문의 길이 다방면이어서 진리를 깨치기 어렵다는 말.

多難興邦　다난흥방

어려운 일을 겪고서야 나라를 일으킨다는 뜻으로, 큰일을 성취하기 위해서는 그만한 각고의 노력이 뒤따라야 한다는 말.

多多益善　다다익선

많으면 많을수록 더욱 좋다는 뜻으로, 감당할 능력이나 실력이 되면 많으면 많을수록 좋다는 말.

茶飯事 다반사

차를 마시거나 밥을 먹는 일이라는 뜻으로, 늘 있어 이상할 것이 없는 예사로운 일이라는 말.

多少不計 다소불계

많고 적음을 계산하지 않는 다는 뜻으로, 분량이나 정도의 많고 적음을 헤아리지 않는다는 말.

多錢善賈 다전선고

밑천이 많으면 장사를 잘할 수 있다는 뜻으로, 자본이나 밑천이 든든하면 장사하기가 한결 수월해진다는 말.

斷機之戒 단기지계

베틀의 옷감을 끊어 버린 가르침이라는 뜻으로, 자식의 교육을 위해 헌신하는 어머니의 정성을 일컫는 말.

單刀直入 단도직입

혼자서 칼을 휘두르고 거침없이 적진으로 쳐들어간다는 뜻으로, 말을 하거나 글을 쓸 때 바로 본론으로 들어간다는 말.

斷末魔 단말마

사람이 숨이 끊어질 때 고통스럽게 지르는 비명이란 뜻으로, 숨이 막 끊어지는 순간을 이르는 말.

單絲不成線 단사불성선

한 가닥의 실은 선(線)을 이루지 못한다는 뜻으로, 혼자로는 쓸모가 없다는 뜻으로 혼자의 힘만으로는 이룰 수 없다는 말.

簞食瓢飲 단사표음

도시락에 싼 밥과 표주박에 담은 국물이라는 뜻으로, 비록 가난한 생활이지만 한 점 부끄러움이 없다는 말.

丹脣皓齒　　단순호치

붉은 입술과 하얀 이라는 뜻으로, 이 세상에서는 비길 사람이 없을 만큼 빼어나게 아름다운 여자를 이르는 말.

斷長補短　　단장보단

긴 것을 잘라서 짧은 것에 보탠다는 뜻으로, 잘 되거나 넉넉한 것을 가지고 못되거나 모자라는 것을 보충한다는 말.

獺多則魚擾　　달다즉어요

수달이 많으면 물고기들이 불안에 떤다는 뜻으로, 관리가 많으면 여러 가지로 백성이 피곤하다는 말.

達人大觀　　달인대관

사물의 도리에 통달한 탁월한 견식이란 뜻으로, 사물의 전체를 잘 헤아려 빠르게 판단하고 그릇된 것이 없다는 말.

膽大心小　　담대심소

배짱은 크게 갖되 주의는 세심하게 가져야 한다는 뜻으로, 대담하면서도 세심하게 주의하라는 말.

談笑自若　　담소자약

태연하게 담소를 즐긴다는 뜻으로, 놀랍거나 걱정스러운 일이 있어도, 웃고 이야기하는 것이 평소와 다름이 없다는 말.

談何容易　　담하용이

말하는 것이야 어찌 어렵겠느냐는 뜻으로, 좋은 말이나 나쁜 말이나 쉽게 말을 하는 것을 삼가 해야 한다는 말.

談虎虎至　　담호호지

호랑이도 제 말 하면 온다는 뜻으로, 좌중에서 이야기에 오른 사람이 마침 그 자리에 나타났을 때 하는 말.

踏虎尾　　　　답호미

호랑이 꼬리를 밟는다는 뜻으로, 조금만 닿아도 곧 폭발할 것 같은 몹시 위험한 일을 한다는 말.

堂狗風月　　　　당구풍월

서당에서 기르는 개도 풍월을 읊는다는 뜻으로, 그 분야에 대하여 경험과 지식이 전혀 없는 사람이라도 오래 있으면 얼마간의 경험과 지식을 갖게 된다는 말.

黨同伐異　　　　당동벌이

일의 옳고 그름을 가리지 않고, 뜻이 맞는 사람끼리는 한패가 되고 그렇지 않은 사람은 물리친다는 말.

螳螂拒轍　　　　당랑거철

사마귀가 앞발을 들어 수레를 막는다는 뜻으로, 제 분수도 모르고 강한 적에게 덤비거나 무모한 행동을 한다는 말.

螳螂在後　　　　당랑재후

자신에게 당장 닥쳐올 재난은 모르고 눈앞의 이익에만 눈독을 들이는 어리석은 사람을 비웃는 말.

大姦似忠　　　　대간사충

아주 간사한 사람은 아첨하는 수단이 매우 교묘하여 흡사하다는 뜻으로, 악한 본성을 숨기고 마치 가장 충실한 체하는 사람을 가리키는 말.

大器晩成　　　　대기만성

큰 그릇을 만드는 데는 시간이 오래 걸린다는 뜻으로, 크게 될 사람은 늦게 이루어진다는 말.

大器小用　　　　대기소용

큰 그릇을 작게 쓴다는 뜻으로, 유능한 사람을 낮은 자리에 앉히거나 큰 인물을 말단 관리로 쓴다는 말.

大同小異　대동소이

대체로 같고 조금 다르다는 뜻으로, 미세한 부분은 다르지만 큰 줄거리는 거의 같아 큰 차이가 없다는 말.

戴盆望天　대분망천

동이를 머리에 이면 하늘을 쳐다볼 수 없고, 하늘을 쳐다보려면 동이를 일 수 없다는 뜻으로, 두 가지 일을 동시에 할 수 없다는 말.

戴星之行　대성지행

별을 이고 가는 길이라는 뜻으로, 객지에서 부모의 부음(訃音)을 받고 밤을 지새워 집으로 돌아가는 일.

對笑顔唾亦難　대소안타역난

웃는 낯에 침 못 뱉는다는 뜻으로, 항상 웃는 얼굴로 누구에게나 원만하게 대하여야 한다는 말.

對岸之火　대안지화

강 건너 불이라는 뜻으로, 어떤 일이 자기에게는 아무 관계도 없다는 듯이 무관심하다는 말.

對牛彈琴　대우탄금

소귀에 거문고를 뜯는다는 뜻으로, 아무리 좋은 것이라 해도 그것을 이해할 수 없는 사람에게는 무용지물이라는 말.

大義滅親　대의멸친

국가를 위하여서는 부모초차 저버린다는 뜻으로, 정의를 위해서는 사사로운 일에 구애되지 않는다는 말.

待隣婦妻不娶　대인부처불취

이웃 색시 기다리다 장가 못 간다는 뜻으로, 믿지 못할 사람을 어리석게 믿다가 기회를 놓친다는 말.

大慈大悲　　　대자대비

그지없이 넓고 큰 자비를 뜻하며, 특히 관음보살이 중생을 사랑하고 불쌍히 여기는 마음을 이르는 말.

大丈夫　　　대장부

건장하고 씩씩한 사내라는 뜻으로, 대도를 걸으면서 대도를 실천하고 그 성과를 민중과 함께하는 인물을 이르는 말.

大材小用　　　대재소용

큰 재목을 작은 일에 쓴다는 뜻으로, 큰 인물을 알아보지 못하고 작은 일에 쓰인다는 말로, 인재를 제대로 활용하지 못한다는 말.

德不孤必有隣　　　덕불고필유린

덕이 있는 사람은 반드시 따르는 사람이 있어 외롭지 않다는 뜻으로, 훌륭한 일을 하는 사람은 한때 고립되고 남의 질시를 받을 수 있지만 결국은 정성이 통한다는 말.

道可道非常道　　　도가도비상도

도를 도라고 말할 수 있으면 영원한 도가 아니라는 뜻으로, 언어에 대한 불신보다는 참된 도는 언어를 떠난 존재라는 말.

陶犬瓦鷄　　　도견와계

흙으로 구워 만든 개와 닭이라는 뜻으로, 겉모습은 훌륭하나 실속이 없어 아무 쓸모도 없는 사람을 놀림조로 이르는 말.

圖南　　　도남

붕새가 남쪽을 향해 날개를 편다는 뜻으로, 어느 다른 지역으로 가서 큰 사업을 해보겠다는 계획을 비유적으로 이르는 말.

盜糧　　　도량

곡식을 훔친다는 뜻으로, 자신을 이롭게 하려고 했던 일이 오히려 경쟁 중에 있는 상대방을 돕는 결과를 빚을 때 쓰는 말.

屠龍之技　도룡지기

용을 잡는 기술이라는 뜻으로, 대단한 기술인 것 같지만 사실은 전혀 쓸모가 없는 기술을 이르는 말.

道謀是用　도모시용

길가에 집을 짓는데 길가는 사람과 상의한다는 뜻으로, 줏대가 없이 남의 의견만 따르면 일을 이룰 수 없다는 말.

道傍苦李　도방고리

길가에 있는 자두나무의 쓴 열매라는 뜻으로, 요긴할 때는 소중히 여기다가 쓸모없게 되자 버림받은 사람을 이르는 말.

道不拾遺　도불습유

길에 떨어진 것도 줍지 않는다는 뜻으로, 생활에 여유가 생기고, 믿음이 차 있는 세상의 아름다운 풍경을 이르는 말.

徒費脣舌　도비순설

헛되이 입술과 혀만 수고롭게 한다는 뜻으로, 쓸데없이 말만 하고 조금도 이로울 것이 없다는 말.

桃三李四　도삼이사

복숭아나무는 3년, 자두나무는 4년 길러야 결실을 낸다는 뜻으로, 무슨 일이든 거기 알맞은 시간이 필요하다는 말.

屠所之羊　도소지양

도살장에 끌려가는 양이라는 뜻으로, 다 죽게 된 불행한 처지에 있는 사람을 비유하여 이르는 말.

度外視　도외시

안중에 두지 않는다는 뜻으로, 무시하거나 문제로 삼지 않고 가외의 것으로 보아 넘긴다는 말.

桃園結義   도원결의

복숭아 동산에서 의형제를 맺는다는 뜻으로, 뜻이 맞는 사람끼리 목적을 향해 합심할 것을 결의한다는 말.

桃源境   도원경

복숭아꽃이 피어 있는 수원지라는 뜻으로, 무릉도원처럼 사람들이 화목하고 행복하게 살 수 있는 이상향을 이르는 말.

陶者用缺盆   도자용결분

도자기를 만드는 사람 자신은 흠집 난 도자기를 쓴다는 뜻으로, 남을 위해서는 정성을 다 들이나 정작 자신을 위해서는 그러하지 못한다는 말.

刀折矢盡   도절시진

칼이 부러지고 화살이 다했다는 뜻으로, 기진맥진하여 더 이상 싸울 수가 없게 되었다는 말.

途中下車   도중하차

차를 타고 가다가 목적지에 닿기 전에 내린다는 뜻으로, 어떤 일을 계획하여 하다가 끝까지 다하지 않고 중도에 그만두는 것을 이르는 말.

盜憎主人   도증주인

도둑이 주인을 미워한다는 뜻으로, 도둑은 단지 자기를 해치려는 자는 싫어하게 마련이라는 말.

倒持泰阿   도지태아

명검을 거꾸로 쥐었다는 뜻으로, 자신의 위세만 믿고 상대를 우습게 여기다가 결국 자신이 낭패를 당하는 경우를 이르는 말.

到處宣化堂   도처선화당

가는 곳마다 대접을 잘 받는다는 뜻으로, 감사가 도내를 시찰할 때에 이르는 곳이 곧 선화당이 된다는 말.

道聽塗說　　도청도설

길에서 듣고 길에서 말한다는 뜻으로, 아무런 근거도 없이 길거리에 떠돌아 다니는 뜬소문을 이르는 말.

塗炭　　도탄

진흙 속에 빠지고 숯불에 타는 고생이란 뜻으로, 생활이 몹시 곤궁하거나 비참한 지경에 이른 상황을 비유하는 말.

倒行逆施　　도행역시

순서를 따르지 않고 역행한다는 뜻으로, 사람의 도리에 어긋나거나 상식에 벗어나게 행동한다는 말.

獨不將軍　　독불장군

여러 사람과 사이가 틀어져 외로운 사람이라는 뜻으로, 남의 의견은 묵살하고 저 혼자 모든 일을 처리하는 사람을 이르는 말.

讀書亡羊　　독서망양

책을 읽다가 양을 잃었다는 뜻으로, 다른 일에 정신이 팔려 중요한 일을 소홀히 하는 것을 이르는 말.

讀書百遍義自見　　독서백편의자현

책을 여러 번 읽으면 뜻이 저절로 드러난다는 뜻으로, 뜻을 모르는 글이라도 자꾸 반복해서 읽으면 저절로 그 뜻이 드러나게 된다는 말.

讀書三到　　독서삼도

글을 읽어서 그 참뜻을 이해하려면 마음과 눈과 입을 오로지 글 읽기에 집중하여야 한다는 말.

獨善其身　　독선기신

남이야 어떻든 간에 자기 한 몸만을 온전하게 보존한다는 뜻으로, 남이야 어떻든 간에 제 처신만을 온전하게 한다는 말.

頓首再拜　　돈수재배

머리가 땅에 닿도록 두 번 절을 한다는 뜻으로, 윗어른에게 올리는 편지의 첫머리나 끝에 경의를 표하기 위하여 쓰는 말.

豚蹄盂酒　　돈제우주

돼지 발톱과 술 한 잔이라는 뜻으로, 변변치 못한 음식이나 물건. 또는 주는 것은 적고 탐내는 것은 많다는 말.

埃不燃不生煙　돌불연불생연

아니 땐 굴뚝에 연기가 날까라는 뜻으로, 어떤 소문이든 간에 반드시 그런 소문의 원인이 있다는 말.

東家之丘　　동가지구

동쪽 집에 사는 공자라는 뜻으로, 가까이에 있는 유명한 인물을 알아보지 못하는 것을 비유하는 말.

東家食西家宿　동가식서가숙

동쪽 집에서 먹고 서쪽 집에서 잔다는 뜻으로, 떠돌아다니며 이집 저집에서 얻어먹고 지낸다는 말.

同工異曲　　동공이곡

같은 악공끼리라도 곡조를 달리한다는 뜻으로, 같은 기술과 재주를 가졌더라도 만들어내는 물건은 각각 사람에 따라 다르다는 말.

銅頭鐵身　　동두철신

구릿덩이 같은 머리, 쇳덩이 같은 몸이라는 뜻으로, 성질이 모질고 거만한 사람을 이르는 말.

棟梁之材　　동량지재

집의 대들보가 될 나무라는 뜻으로, 한 집안이나 한 나라를 떠받치는 중대한 일을 맡을 만한 인재를 이르는 말.

東問西答　　동문서답

동쪽 물음에 서쪽 답을 한다는 뜻으로, 어떤 묻는 말에 당치도 않은 엉뚱한 대답을 한다는 말.

同病相憐　　동병상련

같은 병의 환자끼리 서로 가엾게 여긴다는 뜻으로, 어려운 처지에 있는 사람끼리 동정하고 돕는다는 말.

東奔西走　　동분서주

동쪽으로 뛰고 서쪽으로 뛴다는 뜻으로, 사방으로 부산하게 이리저리 몹시 바쁘게 돌아다닌다는 말.

同床異夢　　동상이몽

같은 곳에서 자면서 다른 꿈을 꾼다는 뜻으로, 겉으로는 같이 행동하면서도 속으로는 각각 다른 생각을 하고 있다는 말.

冬扇夏爐　　동선하로

겨울의 부채와 여름의 화로라는 뜻으로, 때에 맞지 않아 쓸데없는 사물을 비유하여 이르는 말.

東閃西忽　　동섬서홀

동에 번쩍하고 서에서 번쩍 한다는 뜻으로, 바쁘게 사방을 분주히 돌아다니는 것을 이르는 말.

同惡相助　　동악상조

악인끼리 서로 돕는다는 뜻으로, 나쁜 사람이라도 그들의 목적을 달성하기 위하여서는 서로 돕고 힘을 합한다는 말.

棟折榱崩　　동절최붕

대들보가 부러지면 서까래가 무너진다는 뜻으로, 윗사람이나 상관이 쓰러지면 부하도 쓰러진다는 말.

凍足放尿　　동족방뇨

언 발에 오줌 누기라는 뜻으로, 한때 도움이 될 뿐 곧 효력이 없어져 더 나쁘게 되는 일을 이르는 말.

同舟相救　　동주상구

같은 배를 탄 사람끼리 서로 돕는다는 뜻으로, 이해를 함께 하는 사람은 서로 돕게 된다는 말.

東風吹馬耳　　동풍취마이

동풍이 말의 귀에 스친다는 뜻으로, 남의 충고나 비평 따위를 귀담아 듣지 않고 그냥 흘려 버린다는 말.

董狐之筆　　동호지필

오류나 결함을 숨기지 않고 있는 그대로 공정하게 기록한다는 뜻으로, 역사를 있는 그대로 기록하는 곧은 자세를 이르는 말.

頭角　　두각

머리의 끝이라는 뜻으로, 여럿 중에서 특히 뛰어난 학식이나 재능이 있는 사람을 이르는 말.

杜門不出　　두문불출

문을 닫고 나가지 않는 다는 뜻으로, 집 안에만 틀어박혀 있어 세상 밖에 나가지 않는다는 말.

杜撰　　두찬

두씨 성을 가진 사람이 쓴 글이라는 뜻으로, 격식에 맞지 않거나 잘못된 데가 많은 글을 이르는 말.

得隴望蜀　　득롱망촉

농서지방을 얻고 나니 촉을 갖고 싶어진다는 뜻으로, 인간의 욕심은 한도 끝도 없는 것을 비유하는 말.

得失相半 득실상반

득실이 서로 비슷하다는 뜻으로, 두 편이 서로 같거나 이로움과 해로움이 서로 엇비슷하다는 말.

得魚忘筌 득어망전

물고기를 잡고 나면 통발은 잊는다는 뜻으로, 목적이 달성되면 이용하던 물건을 잊어버리게 된다는 말.

登高自卑 등고자비

높은 곳에 오르려면 낮은 곳부터 오른다는 뜻으로, 만사에는 반드시 차례를 밟아야한다는 말.

登樓去梯 등루거제

다락에 오르게 하고 사다리를 치운다는 뜻으로, 사람을 꾀어서 어려운 처지에 빠지게 하는 것을 이르는 말.

登龍門 등용문

어려운 고비를 돌파하여 용문에 오른다는 뜻으로, 입신출세의 어려운 관문을 비유하여 이르는 말.

登泰山小天下 등태산소천하

태산에 오르면 천하가 작게 보인다는 뜻으로, 사람은 그가 있는 위치에 따라 보는 눈이 달라진다는 말.

燈下不明 등하불명

등잔 밑이 어둡다는 뜻으로, 사람이 남의 일은 잘 보살피면서 자신의 일에 관해서는 도리어 어둡다는 말.

燈火肖可親 등화초가친

등불을 가까이한다는 뜻으로, 서늘한 가을밤은 등불을 가까이하여 글 읽기에 좋다는 것을 이르는 말.

마

馬脚露出　　마각노출

말의 다리가 드러내 보인다는 뜻으로, 숨기고 있던 간사한 꾀가 저도 모르는
사이에 드러난다는 말.

麻姑搔痒　　마고소양

마고할미가 긴 손톱으로 가려운 곳을 긁는다는 뜻으로, 원하는 일이 뜻대로
시원스럽게 잘 되어 간다는 말.

摩拳擦掌　　마권찰장

주먹과 손바닥을 비빈다는 뜻으로, 기운을 모아서 돌진할 태세를 갖추고 기
회를 엿보는 것을 이르는 말.

磨斧爲針　　마부위침

도끼를 갈아서 바늘을 만든다는 뜻으로, 아무리 어려운 일이라도 부단한 노
력과 끈기와 인내로 일하면 기필코 성공한다는 말.

馬首是瞻　　마수시첨

옛날 전쟁에서 병사들이 장수의 말머리를 따라 움직였듯이 한 사람의 의사를
좇아 일사분란하게 행동하는 것을 비유하는 말.

馬耳東風　　마이동풍

봄바람이 말의 귀에 스쳐도 아무 감각이 없다는 뜻으로, 남의 말을 조금도 귀
담아 듣지 않고 흘려버린다는 말.

麻中之蓬　　마중지봉

삼밭에 난 쑥이란 뜻에서, 좋은 환경에서 자라거나 좋은 친구를 사귀면 감화
를 받아 품행이 바르게 된다는 말.

馬行處牛亦去 마행처우역거

말이 가는 곳은 소도 갈 수 있다는 뜻으로, 재주가 없는 사람도 열심히 노력하면 훌륭해진다는 말.

馬革裹屍 마혁과시

말가죽으로 시체를 싼다는 뜻으로, 전쟁터에 나가 적과 싸워서 죽겠다는 장수의 각오를 이르는 말.

莫上莫下 막상막하

위도 없고 아래도 없다는 뜻으로, 어떤 것이 더 낫고 더 나쁜 것인가를 가려낼 수 없을 만큼 서로 차이가 거의 없다는 말.

幕天席地 막천석지

하늘을 장막으로 삼고 땅을 자리로 삼는다는 뜻으로, 천지를 자기의 거처로 하는 마음이 웅대하다는 말.

莫見乎隱 막현호은

어두운 곳은 도리어 들어난다는 뜻으로, 감추려 해도 마음속에 있는 것은 얼굴에 드러난다는 말.

輓歌 만가

상엿소리라는 뜻으로, 상여를 메고 갈 때 부르는 노래. 사람이 죽어 장사지낼 때 죽음을 애도하는 노래를 이르는 말.

萬古不變 만고불변

오랜 세월을 두고 길이 변하지 않는다는 뜻으로, 세월이 아무리 흘러도 결코 변하지 않는 상태 또는 물건을 가리키는 말.

萬無一失 만무일실

조금도 없어지는 일이 없다는 뜻으로, 전혀 잘못될 일이 없고 조금도 실패할 염려가 전혀 없다는 말.

萬事休矣　　만사휴의

이제 더 손쓸 방도가 없이 모든 것이 끝장났다는 뜻으로, 무슨 수를 쓴다 해도 도무지 가망이 없다는 말.

晚食當肉　　만식당육

때늦게 먹으면 고기 맛 같다는 뜻으로, 배가 고플 때 먹으면 맛이 있어 마치 고기를 먹는 것과 같다는 말.

萬牛難回　　만우난회

만 필이나 되는 소가 끌어도 돌려세우기 어렵다는 뜻으로, 고집이 매우 센 사람을 비유하는 말.

慢藏誨盜　　만장회도

재물의 관리를 소홀히 하여 남으로 하여금 훔쳐가게 한다는 뜻으로, 재물관리를 소홀히 하는 것은 남에게 도둑질을 가르치는 것이나 다름이 없다는 말.

萬全之策　　만전지책

만전을 기하는 계책이란 뜻으로, 조금도 허술한 데가 없는 안전하거나 완전한 계책을 이르는 말.

萬折必東　　만절필동

황하는 아무리 곡절이 많아도 필경에는 동쪽으로 흘러간다는 뜻으로, 충신의 절개는 꺾을 수 없다는 말.

萬覇不聽　　만패불청

바둑 둘 때 아무리 큰 패가 생기더라도 이에 응하지 않는 다는 뜻으로, 아무리 집적거려도 응하지 않는 다는 말.

萬彙群象　　만휘군상

세상의 온갖 사물의 형상이라는 뜻으로, 우주 사이에 벌여 있는 온갖 사물과 모든 현상을 이르는 말.

末代必折 말대필절

가지가 굵으면 줄기가 반드시 부러진다는 뜻으로, 갈라져나간 가문들이 강하면 종가가 무너진다는 말.

網擧目隨 망거목수

그물을 들면 그물눈도 따라서 올라간다는 뜻으로, 한 가지 일이 잘 되면 다른 일도 자연히 이루어진다는 말.

亡國之音 망국지음

나라를 망하게 하는 음악이란 뜻으로, 나라를 망치는 저속하고 잡스러운 음악을 이르는 말.

網羅 망라

물고기를 잡는 그물과 날짐승을 잡는 그물이란 뜻으로, 널리 빠짐없이 구하여 모두 받아들인다는 말.

望梅解渴 망매해갈

목이 마른 병졸이 신 살구 이야기를 듣고 입에 침이 고여 갈증을 풀었다는 뜻으로, 어려운 처지를 기지로 이겨낸다는 말.

亡羊補牢 망양보뢰

양 잃고 우리를 고친다는 뜻으로, 이미 일을 그르친 뒤에 뉘우쳐도 소용이 없다는 것을 이르는 말.

亡羊之歎 망양지탄

양을 잃었는데 길이 많고 복잡하여 어디로 갔는지 모르는 것을 한탄한다는 뜻으로, 학문의 길이 여러 갈래라 길을 잡기 어렵다는 말.

忘憂物 망우물

시름을 잊어버리게 하는 물건이라는 뜻으로, 술을 마시면 근심을 잊는다는 데서, 술을 일컫는 말.

望雲之情 　망운지정

멀리 구름을 바라보며 어버이를 생각한다는 뜻으로, 자식이 객지에서 어버이를 그리워하는 마음을 이르는 말.

亡子計齒 　망자계치

죽은 자식 나이 세기라는 뜻으로, 이미 지나간 쓸데없는 일을 생각하고 애석히 여긴다는 말.

妄自尊大 　망자존대

망령되이 자기만 잘났다고 뽐내어 자신을 높이고 남을 업신여긴다는 뜻으로, 분별도 없이 함부로 제가 잘난 체한다는 말.

罔知所措 　망지소조

갈팡질팡 어찌할 바를 모른다는 뜻으로, 너무 당황하거나 급하여 어찌할 바를 모른다는 말.

望塵不及 　망진불급

흙먼지만 바라볼 뿐 따라 잡을 수 없다는 뜻으로, 지나치게 뒤떨어져 따라잡을 수 없다는 말.

望風而靡 　망풍이미

멀리서 바라보고 놀라서 싸우지 않고 놀라서 흩어져 달아난다는 뜻으로, 미리 겁을 먹고 맞서려고도 하지 않고 뿔뿔이 흩어져 도망을 간다는 말.

望洋興嘆 　망양흥탄

큰 바다를 보자 절로 탄식이 나온다는 뜻으로, 남의 훌륭한 점을 보아야 자신이 보잘것없다는 사실을 안다는 말.

賣國 　매국

나라를 팔아먹는다는 뜻으로, 사리사욕을 위하여 자기 나라에 불리하고 다른 나라에 이익이 되는 일을 한다는 말.

買死馬骨 매사마골

죽은 말의 뼈를 산다는 뜻으로, 어리석은 자를 잘 대우해주면 어진 사람들이 모여든다는 말.

麥秀之嘆 맥수지탄

폐허가 된 도읍지에 보리만 부질없이 자라는 것을 보고 한탄했다는 고사에서, 고국의 멸망을 한탄한다는 말.

盲龜遇木 맹귀우목

눈먼 거북이 우연히 뜬 나무를 만났다는 뜻으로, 어려운 판에 우연히 행운을 얻게 되었다는 말.

孟母斷機 맹모단기

맹자의 어머니가 베틀에 건 실을 끊었다는 뜻으로, 학문을 중도에 그만 두는 것은 짜고 있던 베의 실을 끊어 버리는 것과 같다는 말.

孟母三遷 맹모삼천

맹자의 어미가 맹자를 가르치기 위해 세 번 이사를 하였다는 뜻으로, 교육을 시킬 때는 환경이 중요하다는 말.

盲人摸象 맹인모상

장님이 코끼리 만진다는 뜻으로, 전체가 아닌, 자기가 체험한 부분만 가지고 다 아는 듯 고집을 부린다는 말.

盲人瞎馬 맹인할마

소경이 눈먼 말을 타고 다닌다는 뜻으로, 잘 알지도 못하면서 어림짐작으로 일을 처리하는 것을 이르는 말.

盲者丹靑 맹자단청

소경이 단청 구경을 한다는 뜻으로, 사물을 바로 감정할 능력이 없어 보이는 경우를 이르는 말.

盲者正門　　맹자정문

소경이 문을 바로 찾는다는 뜻으로, 우매한 사람이 어쩌다가 이치에 맞는 일을 하였을 경우를 이르는 말.

猛虎伏草　　맹호복초

사나운 범이 풀숲에 엎드려 있다는 뜻으로, 영웅이 때를 기다리며 한때 숨어 지내고 있다는 말.

猛虎爲鼠　　맹호위서

범도 위엄을 잃으면 쥐같이 된다는 뜻으로, 제왕도 권력을 잃으면 권신의 제어를 받는다는 말.

猛虎出林　　맹호출림

사나운 호랑이가 숲에서 나온다는 뜻으로, 평안도 사람의 용맹하고 성급한 성격을 이르는 말.

綿裏藏針　　면리장침

솜 속에 바늘을 감추어 꽂는다는 뜻으로, 겉으로는 웃으면서 몰래 사람을 칠 준비를 한다는 말.

面命提耳　　면명제이

면전에서 가르치고, 귀를 당겨 일러준다는 뜻으로, 친절하고 자세하게 가르치는 것을 이르는 말.

面色如土　　면여토색

얼굴빛이 흙빛과 같다는 뜻으로, 몹시 놀라거나 겁에 질려 얼굴이 흙빛으로 달라진다는 말.

面從後言　　면종후언

보는 앞에서는 복종하는 체하면서 뒤에서 이러쿵저러쿵 말을 한다는 뜻으로, 뒤돌아서서 안보는 곳에서는 비방하고 욕설을 한다는 말.

滅得心中火自凉　멸득심중화자량

마음속을 비우면 불조차 저절로 시원해진다는 뜻으로, 잡념을 없애면 고통을 느끼지 않는다는 말.

滅此朝食　멸차조식

눈앞의 적들을 섬멸한 다음 아침 식사를 하겠다는 뜻으로, 원수를 없애겠다는 절박한 심정과 결의를 나타내는 말.

明目張膽　명목장담

눈을 크게 뜨고 쓸개를 크게 펼친다는 뜻으로, 두려워하지 않고 용기 있게 확실히 말을 한다는 말.

名聞利樣　명문이양

명주를 어둠 속에서 남에게 던져 준다는 뜻으로, 귀중한 물건도 남에게 잘못 주면 오히려 원망을 듣게 된다는 말.

名不虛傳　명불허전

명성이나 명예가 헛되이 전하여지는 것이 아니라는 뜻으로, 널리 알려진 데는 그만한 까닭이 있어서 그러하다는 말.

名實相符　명실상부

이름과 실제가 서로 들어맞는다는 뜻으로, 세상에 들리는 말과 사실이 꼭 들어맞는다는 말.

命在頃刻　명재경각

목숨이 경각에 있다는 뜻으로, 거의 죽게 되어 곧 숨이 끊어질 지경에 이르렀다는 말.

明珠暗投　명주암투

빛나는 구슬을 밤에 던진다는 뜻으로, 남을 도와주어도 방법이 서툴면 오히려 원한을 산다는 말.

明珠彈雀　　　명주탄작

새를 잡는 데 구슬을 쏜다는 뜻으로, 작은 것을 잡으려고 그 보다 훨씬 좋은 것을 써 버리는 어리석음을 이르는 말.

明察秋毫　　　명찰추호

눈이 아주 밝고 예리해서 가을날 가늘어진 짐승의 털까지도 분별한다는 뜻으로, 사소한 일에 대해서까지도 빈틈없이 살핀다는 말.

明哲保身　　　명철보신

이치에 맞게 일을 처리하며 자신을 잘 보전한다는 뜻으로, 처신을 잘 해서 무사히 살아간다는 말.

毛遂自薦　　　모수자천

모수가 스스로 자기를 추천한다는 뜻으로, 다른 사람이 추천해 주지 않으니까 스스로 자청해서 나선다는 말.

矛盾　　　모순

창과 방패란 뜻으로, 말이나 행동의 앞뒤가 서로 맞지 않거나 내용이 상반되는 관계를 이르는 말.

某也無知　　　모야무지

이슥한 밤중이라서 보고 듣는 사람이 없다는 뜻으로, 뇌물이나 선물을 몰래 주는 것을 일컫는 말.

毛皮之附　　　모피지부

가죽도 없는데 털이 붙는다는 뜻으로, 근본적인 문제는 해결하지 않고 지엽적인 문제만 해결하려고 할 때 쓰는 말.

目短於自見　　　목단어자견

눈은 다른 사물은 잘 보지만 자신의 눈 속은 보지 못한다는 뜻으로, 사람이 자기 자신은 모른다는 말.

木本水源　목본수원

어버이는 나무의 뿌리이자 물의 근원이라는 뜻으로, 자식되는 사람은 자신의 근본을 생각하여야 한다는 말.

目不識丁　목불식정

'정(丁)'자도 알아보지 못한다는 뜻으로, 글자를 전혀 모름, 또는 그런 사람을 비유하여 이르는 말.

目不忍見　목불인견

차마 눈뜨고 볼 수 없다는 뜻으로, 눈앞에 벌어진 상황 따위를 눈뜨고는 차마 볼 수 없음을 이르는 말.

木石肝腸　목석간장

나무나 돌처럼 아무런 감정도 없는 마음씨라는 뜻으로, 아무런 감정이나 인정이 없는 마음을 이르는 말.

木石不傅　목석불부

나무에도 돌에도 붙일 데가 없다는 뜻으로, 아무에게도 의지할 곳이 없는 외로운 처지를 이르는 말.

沐雨櫛風　목우즐풍

빗물로 목욕하고 바람으로 머리를 빗는다는 뜻으로, 세상살이에 시달리며 고생을 한다는 말.

木人石心　목인석심

나무와 돌로 만들어진 사람이라는 뜻으로, 세상을 살면서 오직 자기가 할 일만 하고 한눈을 팔 줄 모르는 고지식하고 융통성 없는 사람을 비유하는 말.

目前之計　목전지계

눈앞의 일만 생각한다는 뜻으로, 앞날을 내다보지 못하고 눈앞에 보이는 한 때만을 생각한다는 말.

沐猴而冠　　목후이관

목욕한 원숭이가 감투를 썼다는 뜻으로, 겉은 그럴 듯하지만 어리석은 사람을 깔보며 하는 말.

夢寐之間　　몽매지간

잠자는 동안과 꿈꾸는 동안이라는 뜻으로, 잠을 자는 동안에도 잊지 못할 정도로 애타는 일을 이르는 말.

蒙霜露洗風雨　　몽상로세풍우

몸이 서리와 찬 이슬을 맞고 풍우에 씻긴다는 뜻으로, 세상살이에 시달리며 몹시 고생을 한다는 말.

蒙塵　　몽진

먼지를 뒤집어쓴다는 뜻으로, 임금이 난리를 피하여 다른 곳으로 자리를 옮겨가는 것을 이르는 말.

猫頭縣鈴　　묘두현령

고양이 목에 방울 달기란 뜻으로, 현실성이나 실천 가망성이 전혀 없는 쓸데없는 논의를 한다는 말.

猫鼠同眠　　묘서동면

고양이와 쥐가 함께 잔다는 뜻으로, 도둑을 잡아야 할 자가 도둑과 한 패거리가 된다는 말.

無可無不可　　무가무불가

옳은 것도 없고, 옳지 않을 것도 없다는 뜻으로, 사람의 언행이 모두 중용에 맞아 좋을 것도 나쁠 것도 없다는 말.

無故之民　　무고지민

어디다 호소할 데가 없는 어려운 백성이란 뜻으로, 어버이 없는 어린이나 아내나 남편이 없는 노인처럼 의지할 데가 없는 백성을 이르는 말.

無骨好人　　무골호인

뼈 없이 좋은 사람이란 뜻으로, 줏대가 없이 두루뭉술하고 순하여 남의 비위를 다 맞추는 사람을 이르는 말.

無力所致　　무력소치

힘에 부치고 능력이 없는 까닭이라는 뜻으로, 필요한 힘이나 능력이 없어서 생긴 결과를 이르는 말.

武陵桃源　　무릉도원

무릉의 복숭아 꽃잎이 흘러나오는 곳이라는 뜻으로, 사람들이 화목하고 행복하게 살 수 있는 이상향을 이르는 말.

無面渡江東　　무면도강동

강동 지방으로 건너갈 면목이 없다는 뜻으로, 사업에 실패하여 고향에 돌아갈 면목이 없다는 말.

舞文弄筆　　무문농필

서류를 제 멋대로 고치거나 법의 적용을 농락한다는 뜻으로, 붓을 함부로 놀려 왜곡된 글 장난을 한다는 말.

無味乾燥　　무미건조

맛이 없고 메마르다는 뜻으로, 글이나 그림 또는 분위기 따위가 깔깔하거나 딱딱하여 운치나 재미가 없다는 말.

無法天地　　무법천지

제도와 질서가 문란하여 법이 없는 것과 같은 세상이란 뜻으로, 질서 없는 난폭한 행위가 이루어지고 있다는 말.

無病自灸　　무병자구

병이 없는데도 스스로 뜸을 뜬다는 뜻으로, 쓸데없는 일에 정력을 쏟아 화를 부르고 고통스럽게 수행한다는 말.

無不通知 무불통지
무엇이든지 환히 통하여 모르는 것이 없다는 뜻으로, 널리 배워서 학식이 넓고 아는 것이 많다는 말.

無傷百姓一人 무상백성일인
백성 한 사람도 다치지 말라는 뜻으로, 지도자가 백성을 극진히 아끼고 사랑하는 마음을 이르는 말.

無所不爲 무소불위
못하는 일이 없이 모두 다한다는 뜻으로, 무슨 일이든 할 수 있는 힘이나 권력, 행동 등을 나타내는 말로, 무엇이든지 다 할 수 있다는 말.

無我 무아
자기를 잊는다는 뜻으로, 일체는 모두 무상하므로 불변의 실체인 '나' 또한 존재하지 않는다는 말로 존재를 부정한다는 말.

無顔 무안
얼굴이 없다는 뜻으로, 잘못을 깨닫고 부끄러워서 볼 낯이 없고 창피하여 고개를 들지 못할 때 쓰는 말.

無用之用 무용지용
쓸모없는 가운데서의 쓸모 있다는 뜻으로, 언뜻 보기엔 쓸모없이 보여도 그것이 도리어 큰 구실을 한다는 말.

無爲徒食 무위도식
아무 하는 일 없이 한갓 먹기만 한다는 뜻으로, 하는 일 없이 놀고먹는 백수건달을 이르는 말.

無爲而化 무위이화
애쓰지 않아도 저절로 이루어진다는 뜻으로, 애써 공들이지 않아도 스스로 잘 이루어진다는 말.

毋貽盲者鏡　무이맹자경

맹인에게 거울을 주지 말라는 뜻으로, 해롭기만 하고 조금도 이로울 것이 없는 짓은 하지 말라는 말.

無子息上八字　무자식상팔자

자식이 없는 것이 도리어 걱정이 없어 마음이 편하다는 뜻으로, 자식이 없는 사람이 자신을 위로하기 위하여 하는 말.

無盡藏　무진장

물건이나 지식을 습득한 것이 너무 많아 바닥이 나지 않는다는 뜻으로, 부처님의 한량없는 자비심을 이르는 말.

無針不引線　무침불인선

바늘이 없으면 실을 끌지 못한다는 뜻으로, 옆에서 도와주거나 중개가 없으면 일을 이루지 못한다는 말.

無恒産無恒心　무항산무항심

일정한 재산이 없으면 떳떳한 마음도 없다는 뜻으로, 돈이 없으므로 마음의 안정도 누리기 어렵다는 말.

無虎洞中　무호동중

호랑이가 없는 계곡에서 살쾡이가 호랑이 노릇을 한다는 뜻으로, 윗사람이 없는 곳에서 잘난 척하는 사람을 이르는 말.

墨突不暇黔　묵돌불가검

구들이 검어질 겨를이 없다는 뜻으로, 동분서주하며 몹시 분주한 경우나 너무 바빠서 한자리에 앉아 있을 여유가 없다는 말.

墨守　묵수

주나라 묵적이란 사람이 성을 잘 지켜 초나라 군사를 물리쳤다는 고사에서, 자기주장을 끝까지 지킨다는 말.

墨子悲染　　　묵자비염

묵자가 물들이는 것을 슬퍼한다는 뜻으로, 사람은 습관에 따라 그 성품의 좋고 나쁨이 결정된다는 말.

刎頸之交　　　문경지교

대신 목이 베어지는 것도 아깝지 않은 사귐이라는 뜻으로, 생사를 함께 할 만큼 절친한 사귐, 또는 그런 벗을 이르는 말.

聞過則喜　　　문과즉희

자신의 허물을 들으면 기뻐한다는 뜻으로, 잘못을 저질렀을 때 비판을 기꺼이 받아들인다는 말.

問道於盲　　　문도어맹

맹인에게 길을 묻는다는 뜻으로, 알지도 못하는 사람에게 물건의 행방이나 사태의 추이를 묻는다는 말.

門外可設雀羅　문외가설작라

문 밖에 새그물을 쳐놓을 만하다는 뜻으로, 권세를 잃거나 가난해지면 문 앞에 새 그물을 쳐놓을 수 있을 정도로 방문객의 발길이 끊어진다는 말.

門外漢　　　　문외한

문 밖의 사나이라는 뜻으로, 어떤 일에 대해 전문적인 지식이 없거나 관계가 없는 사람. 전문가가 아닌 사람을 이르는 말.

聞一以知十　　문일이지십

한 가지를 들으면 열을 안다는 뜻으로, 지극히 총명한 사람. 또는 그 능력을 지닌 사람을 이르는 말.

門前成市　　　문전성시

문 앞이 시장처럼 사람으로 붐빈다는 뜻으로, 권세가나 부자가 되어 집 앞이 방문객으로 가득하다는 말.

聞則疾不聞藥 문즉질불문약

알면 병이 되고, 모르면 약이 된다는 뜻으로, 해롭거나 이롭지 않은 말은 듣지 않는 것이 좋다는 말.

物各有主 물각유주

물건에는 제 각기 임자가 있다는 뜻으로, 어떤 물건이라도 아무 손에나 되는 대로 들어가는 것이 아니라는 말.

物極必反 물극필반

사물의 형세는 발전이 극에 다다르면 반드시 뒤집히게 마련이라는 뜻으로, 어떤 일을 할 때 지나치게 욕심을 부려서는 안 된다는 말.

物腐蟲生 물부충생

생물이 썩은 뒤에야 벌레가 생긴다는 뜻으로, 남에 대해 의심을 품고 난 뒤에라야 그 사람을 두고 하는 비방이나 헛소문을 믿게 된다는 말.

物色 물색

물건의 빛깔이란 뜻으로, 어떤 기준 아래 쓸 만한 사람이나 물건 따위를 찾아 고른다는 말.

物外閒人 물외한인

무리의 바깥에 있는 한가로운 사람이라는 뜻으로, 세속의 번거로움을 피하여 한가롭게 지내는 사람을 이르는 말.

物議 물의

세상 사람들의 평판이나 뒷소문 따위를 뜻하는 말로, 이러쿵저러쿵하는 여러 사람의 논의나 세상의 평판을 이르는 말.

物以類聚 물이유취

물건이란 종류대로 모이게 마련이란 뜻으로, 성격이 비슷한 것끼리 어울려 모인다는 말로 흔히 악한들이 한데 모여 흉계를 꾸민다는 말.

未能免俗　　미능면속

여전히 속물스런 습관에 빠져 있다는 뜻으로, 한번 물든 비속한 기운은 씻어내기가 어렵다는 말.

尾大難掉　　미대난도

꼬리가 커서 흔들기가 어렵다는 뜻으로, 어떤 일의 끝이 크게 벌어져서 처리하기가 힘이 든다는 말.

迷途知返　　미도지반

길을 잘못 들어섰다가 돌아섰다는 뜻으로, 잘못된 길에 빠졌다가 회개하고 돌아서는 것을 비유하는 말.

未亡人　　미망인

아직 죽지 못한 사람이란 뜻으로, '남편이 앞서 갔는데, 나는 아직 죽지 못한 사람'이라는 뜻으로, 남편이 죽고 홀로 사는 여자를 이르는 말.

彌縫策　　미봉책

터진 곳을 임시로 얽어매는 수법이란 뜻으로, 임시로 꾸며대어 눈가림만 하는 일시적인 대책을 이르는 말.

尾生之信　　미생지신

미생이란 사람의 믿음이란 뜻으로, 너무 고지식하고 융통성이 전혀 없는 사람을 이르는 말.

未曾有　　미증유

일찍이 있지 않았다는 뜻으로, 벌어진 상황이나 사건이 너무 뜻밖이라 유래를 찾을 수 없을 때 쓰는 말.

密雲不雨　　밀운불우

구름은 잔뜩 끼었지만 비는 오지 않는다는 뜻으로, 모든 조건은 갖추어졌는데 일은 성사되지 못하였다는 말.

바

薄利多賣　　박리다매

상품의 이익을 적게 보고 많이 판다는 뜻으로, 전체로서 채산을 맞추려는 장사 방법을 이르는 말.

撲朔迷離　　박삭미리

남녀의 구분이 분명하지 않다는 뜻으로, 사물이나 상황이 마구 뒤섞여 있어 갈피를 잡을 수 없을 때 쓰는 말.

璞玉渾金　　박옥혼금

아직 쪼지 않은 옥과 불리지 않은 금이라는 뜻으로, 성품이 소박하고 꾸밈이 없는 사람을 이르는 말.

薄志弱行　　박지약행

의지가 약해서 일을 제대로 해내지 못한다는 뜻으로, 어려움을 조금도 견디지 못한다는 말.

博學多識　　박학다식

무엇이든지 환히 통하여 모르는 것이 없다는 뜻으로, 널리 배워서 학식이 넓고 아는 것이 많다는 말.

盤溪曲徑　　반계곡경

꾸불꾸불한 길이라는 뜻으로, 일을 순리대로 하지 않고 그릇된 방법으로 무리하게 한다는 말.

反骨　　반골

배반할 골상이라는 뜻으로, 세상의 풍조나 권세나 권위 따위를 무작정 좇지 않고 저항하는 기질을 이르는 말.

盤根錯節　　　반근착절
구부러진 뿌리와 울퉁불퉁한 마디라는 뜻으로, 세력이 뿌리 깊어 이를 제거하기가 어렵다는 말.

攀龍附鳳　　　반룡부봉
용을 끌어 잡고 봉황에 붙는다는 뜻으로, 성인을 따라 덕을 이룬다는 말로 훌륭한 임금을 좇아서 공명을 세운다는 말.

半上落下　　　반상낙하
반쯤 올라가다가 떨어진다는 뜻으로, 처음에는 정성껏 하다가 중도에 그만두어 버린다는 말.

伴食宰相　　　반식재상
곁다리 끼어서 밥이나 축내는 재상이라는 뜻으로, 유능한 관리 옆에 붙어서 정치에 참여하는 무능한 사람을 이르는 말.

半信半疑　　　반신반의
반은 믿고 반은 의심한다는 뜻으로, 참과 거짓을 판단하기 어려워 어느 정도 믿으면서도 한편으로는 의심을 한다는 말.

斑衣之戲　　　반의지희
70세인 노래자(老萊子)가 때때옷을 입고하는 놀이라는 뜻으로, 늙어서도 부모에게 효도하는 것을 이르는 말.

反哺之孝　　　반포지효
까마귀 새끼가 자라서 어미에게 먹을 것을 물어다 주는 효성이란 뜻으로, 자식이 자라서, 어버이가 길러 준 은혜에 보답하는 효성을 이르는 말.

拔本塞源　　　발본색원
나무을 뿌리째 뽑아 없애고 물의 근원을 덮어 막는 다는 뜻으로, 폐단의 근원을 아주 뽑아서 없애 버린다는 말.

發憤忘食　　발분망식

무슨 일을 이루려고 발분하여 끼니마저 잊고 힘쓴다는 뜻으로, 끼니까지도 잊을 정도로 어떤 일에 열중하여 노력한다는 말.

跋扈　　발호

통발을 밟고 넘는다는 뜻으로, 제어할 수 없을 정도로 제멋대로 날뛰거나 세력이 강해져 감당하기 어렵다는 말.

旁崎曲徑　　방기곡경

꾸불꾸불한 길이라는 뜻으로, 공명하고 정당한 방법을 떠나서 옳지 못한 길로 들어서서 억지로 한다는 말.

放鴨得鳳　　방압득봉

오리를 놓아주고 봉황을 얻는다는 뜻으로, 하찮은 것을 미끼로 써서 소중한 것을 얻는다는 말.

傍若無人　　방약무인

주변에 사람이 없는 듯이 행동한다는 뜻으로, 곁에 아무도 없는 것처럼 아무 거리낌 없이 함부로 말하고 행동하는 태도를 이르는 말.

方長不折　　방장부절

한창 자라는 초목은 꺾지 않는다는 뜻으로, 앞길이 유망한 사람이나 사업에 대해 방해를 놓지 않는다는 말.

方底圓蓋　　방저원개

네모진 밑바닥에 둥근 뚜껑이란 뜻으로, 사물이 서로 맞지 않고 의견이나 견해가 합치되지 않는다는 말.

蚌鷸之勢　　방휼지세

조개와 황새의 싸움이라는 뜻으로, 둘이서 버티고 싸우다가 제삼자에게 이익을 빼앗기는 경우를 이르는 말.

ㅂ

排難解紛 　배난해분

어려움을 물리치고 분쟁을 푼다는 뜻으로, 남을 위해 곤란한 일을 해결해 주거나 분규를 해소시켜 준다는 말.

杯盤狼藉 　배반낭자

잔과 쟁반이 어수선하게 널린 자리라는 뜻으로, 술자리가 파할 무렵 또는 파한 뒤 술잔과 접시가 어지럽게 흩어져 있는 모양을 이르는 말.

背水陣 　배수진

강물을 등지고 친 진이라는 뜻으로, 전력을 다해서 승부에 임하는 것. 또는 목숨을 걸고 결사적으로 싸움에 임하는 경우를 이르는 말.

背恩忘德 　배은망덕

은혜를 배신하고 베풀어 준 덕을 잊는다는 뜻으로, 베풀어준 은혜에 보답은커녕 은혜를 원수로 갚는 것을 이르는 말.

杯中蛇影 　배중사영

잔 속에 비친 뱀의 그림자라는 뜻으로, 아무것도 아닌 일에 공연히 의심하여 쓸데없는 걱정을 한다는 말.

百計無策 　백계무책

모든 계책을 다 써도 소용없다는 뜻으로, 어려운 일에 처하여 있는 꾀를 다 써봐도 해결할 만한 좋은 방안이 없다는 말.

白駒過隙 　백구과극

망아지가 달리는 것을 문틈으로 보는 것과 같이 눈 깜빡할 동안이라는 뜻으로, 인생이 덧없이 빨리 지나간다는 말.

百鬼夜行 　백귀야행

온갖 잡귀가 밤에 나다닌다는 뜻으로, 아주 흉악한 자나 간악한 자들이 때를 만나 활개를 치고 다닌다는 말.

百年佳約　　백년가약

한평생을 같이 살자고 하는 언약이란 뜻으로, 젊은 남녀가 결혼하여 한평생을 함께 지내자는 아름다운 언약을 이르는 말.

百年之客　　백년지객

언제까지나 깍듯이 대해야 하는 어려운 손님이라는 뜻으로, 처갓집에서 사위를 두고 이르는 말.

百年河淸　　백년하청

황하의 물이 맑기를 무작정 기다린다는 뜻으로, 아무리 오랜 시일이 지나도 어떤 일이 이루어지기 어렵다는 말.

百年偕老　　백년해로

부부가 화락하게 함께 늙어 간다는 뜻으로, 부부가 되어 한평생을 사이좋게 지내고 즐겁게 함께 늙어간다는 말.

伯樂一顧　　백락일고

명마가 백락을 만나서 비로소 세상에 알려진다는 뜻으로, 재능 있는 사람도 그 재주를 알아보는 사람을 만나야 빛을 발한다는 말.

白龍魚服　　백룡어복

흰 용이 물고기의 옷을 입었다는 뜻으로, 높은 지위에 있는 사람이 남모르게 다니다가 뜻하지 않게 재난을 당한다는 말.

白面書生　　백면서생

얼굴이 하얀 선비라는 뜻으로, 실제적인 업무에 대한 경험이 없고 책을 통해 이론적으로만 아는 사람을 이르는 말.

百聞不如一見　　백문불여일견

여러 번 말로만 듣는 것보다 실제로 한 번 보는 것이 났다는 뜻으로, 실제에 접근해서 직접 조사하고 연구하는 자세를 강조해서 이르는 말.

白眉 백미

흰 눈썹이라는 뜻으로, 흰 눈썹을 가진 사람이 가장 뛰어났다는 데서, 여럿 가운데 가장 뛰어난 사람이나 사물을 이르는 말.

百發百中 백발백중

백 번 쏘아 백 번 모두 맞힌다는 뜻으로, 일이 계획한 대로 들어맞거나 하는 일마다 실패 없이 잘 된다는 말.

白璧微瑕 백벽미하

흰 옥구슬에 있는 작은 흠이라는 뜻으로, 거의 완전하지만 아주 작은 결점이 있는 것을 비유적으로 이르는 말.

白首空歸 백수공귀

흰 머리로 헛되이 돌아간다는 뜻으로, 늙음에 이르러서도 학문을 다하지 못한 것을 한탄하는 말.

伯牙絶絃 백아절현

백아가 거문고 줄을 끊는다는 뜻으로, 마음이 통하는 절친한 친구의 죽음을 몹시 슬퍼한다는 말.

白眼視 백안시

눈을 희게 뜨고 흘겨본다는 뜻으로, 상대방을 멸시하여 업신여기거나 냉대하여 흘겨본다는 말.

白衣從軍 백의종군

흰옷을 입고 군대를 따라 전장에 나간다는 뜻으로, 벼슬이 없는 사람으로 군대를 따라 싸움터로 나아간다는 말.

白日夢 백일몽

한낮에 꾸는 꿈이라는 뜻으로, 실현될 수 없는 헛된 영화나 덧없는 일을 비유하여 이르는 말.

百戰老將 백전노장

수없이 많은 싸움을 치른 노련한 장수라는 뜻으로, 세상의 온갖 풍파를 다 겪어 본 사람을 이르는 말.

百折不屈 백절불굴

백 번 꺾여도 굴하지 않는다는 뜻에서, 어떠한 어려움이나 난관에도 결코 굽히지 않는다는 말.

伯仲之間 백중지간

첫 번째 아니면 두 번째라는 뜻으로, 우열을 가릴 수 없을 정도로 힘이나 능력이 비슷한 경우를 이르는 말.

百尺竿頭 백척간두

백 자나 되는 높은 장대 끝이라는 뜻으로, 매우 위태롭고 위험한 지경을 놓인 형세를 이르는 말.

百花齊放 백화제방

많은 꽃이 한꺼번에 핀다는 뜻으로, 갖가지 학문이나 사상이 개방적으로 발표되는 것을 이르는 말.

繁文縟禮 번문욕례

번거롭고 까다로운 규칙과 예절이라는 뜻으로, 번거롭게 형식만 차려서 까다롭게 만든 예문을 이르는 말.

法三章 법삼장

단 세 조목의 법조문이라는 뜻으로, 복잡하고 번거로운 법을 모두 폐지하고 간결한 법률을 만든다는 말.

法遠拳近 법원권근

법은 멀고 주먹은 가깝다는 뜻으로, 일이 급박할 때는 이성보다도 완력에 호소하게 되기 쉽다는 말.

碧蘿附于靑松　벽라부우청송
푸른 담쟁이가 소나무를 감고 오른다는 뜻으로, 높은 사람의 연줄로 입신출세를 하였다는 말.

辯舌如流　변설여류
말을 청산유수같이 거침없이 잘한다는 뜻으로, 말이 물이 흐르듯 매우 유창한 달변을 이르는 말.

變化無雙　변화무쌍
변화가 많거나 심하여 종잡을 수 없다는 뜻으로, 조금도 같은 것이 아닌 다른 것으로 변한다는 말.

兵家常事　병가상사
이기고 지는 일은 전쟁에서 흔히 있는 일이라는 뜻으로, 한 번의 실패에 절망하지 말라는 말.

病加於少愈　병가어소유
병은 조금 나은 것에서 덧난다는 뜻으로, 일이 잘 될 때 하찮은 방심이 큰 재앙을 부르는 것을 이르는 말.

兵不血刃　병불혈인
병장기에 피를 묻히지 않았다는 뜻으로, 군사상의 작전이 순조롭게 진행되어 피를 흘리지 않고 승리를 거두었다는 말.

病入膏肓　병입고황
병이 고황에 들었다는 뜻으로, 병이나 악습이 너무 심해져서 고칠 수 없는 지경에 이르렀다는 말.

病風傷暑　병풍상서
바람에 병들고 더위에 상한다는 뜻으로, 세상의 온갖 고생에 시달리며 살아가는 것을 이르는 말.

輔車相依 　　보거상의

수레의 덧방나무와 바퀴가 서로 의지한다는 뜻으로, 이해관계가 서로 밀접한 관계로 서로 돕고 의지한다는 말.

步步生蓮花 　　보보생연화

발걸음마다 연꽃이 피어난다는 뜻으로, 미인의 고운 자태와 가볍고 부드러운 발걸음을 이르는 말.

覆車之戒 　　복거지계

앞의 수레가 엎어지는 것을 보고 뒤의 수레는 미리 경계하여 엎어지지 않도록 한다는 뜻으로, 남의 실패를 거울삼아서 자기를 경계한다는 말.

福輕乎羽 　　복경호우

복은 새의 날개보다 가볍다는 뜻으로, 사람은 마음먹기에 따라 행복하게 될 수도 있다는 말.

伏龍鳳雛 　　복룡봉추

엎드려 있는 용과 봉황의 새끼라는 뜻으로, 장차 큰 인물이 될 소질의 사람이나 재능이 매우 탁월한 소년을 이르는 말.

伏魔殿 　　복마전

악마가 숨어 있는 전각이라는 뜻으로, 나쁜 일을 꾀하는 무리가 모여 있는 곳을 이르는 말.

福不福 　　복불복

복이 오거나 안 오거나 한다는 뜻으로, 어떤 일이 복이 되기도 하고 복이 되지 않기도 하는 사람의 운수를 이르는 말.

覆巢破卵 　　복소파란

둥지를 뒤엎고 알을 깬다는 뜻으로, 부모가 재난을 당하면 자식도 상처를 입을 수 있다는 것을 이르는 말.

ㅂ

覆水不返盆 복수불반분

엎질러진 물은 다시 물동이에 담을 수 없다는 뜻으로, 다시 어떻게 수습할 수 없을 만큼 일이 잘못 되었다는 말.

伏地不動 복지부동

땅에 엎드려 움직이지 않는다는 뜻으로, 마땅히 해야 할 일을 하지 않고 몸을 사린다는 말.

本來無一物 본래무일물

본래 아무것도 없다는 뜻으로, 혼탁한 세상에서 혼자만이 깨끗하고 정신이 맑고 청정한 것을 이르는 말.

本末顚倒 본말전도

근본과 말단이 뒤바뀐다는 뜻으로, 일의 주가 되는 중요한 것과 대수롭지 않은 것을 뒤바꿔 잘못 이해하거나 처리한다는 말.

蓬頭亂髮 봉두난발

흐트러진 머리와 때 묻은 얼굴이라는 뜻으로, 성질이 털털하여 외양에 개의하지 않는 사람을 이르는 말.

鳳毛麟角 봉모인각

봉황의 털과 기린의 뿔이란 뜻으로, 매우 뛰어나고 훌륭한 인재나 희귀한 물건을 일컫는 말.

封豕長蛇 봉시장사

큰 돼지와 긴 뱀이라는 뜻으로, 잔인무도한 침략자나 사람의 탐욕이 끝이 없다는 것을 이르는 말.

蜂蟻君臣 봉의군신

벌과 개미에게도 임금과 신하의 구별이 있다는 뜻으로, 신분 관계의 질서가 중요하다는 것을 이르는 말.

蓬蓽生輝　봉필생휘

쑥과 콩에 광채가 난다는 뜻으로, 가난한 사람의 집에 고귀한 손님이 찾아오는 것을 영광으로 생각한다는 말.

附肝附念通　부간부염통

간에 가 붙고 염통에 가 붙는다는 뜻으로, 자기에게 잇속이 있는 데 따라서 이편에 붙었다 저 편에 붙었다 한다는 말.

富貴生驕奢　부귀생교사

가난하게 살다가 사람이 부귀를 누리게 되면 교만하고 방탕한 생활에 빠지기 쉽게 된다는 말.

富貴在天　부귀재천

부귀는 하늘이 부여하는 것이라는 뜻으로, 부귀는 하늘이 정하는 것이어서 사람의 힘으로는 어찌할 수 없다는 말.

付驥尾　부기미

천리마의 꼬리에 붙는다는 뜻으로, 큰 인물에게 인정을 받은 뒤에야 비로소 참된 가치가 드러난다는 말.

不踏覆轍　부답복철

뒤집힌 앞 수레의 수레바퀴 자국을 다시 밟지 않는다는 뜻으로, 앞 사람과 같은 실패를 다시 되풀이하지 않는다는 말.

不動心　부동심

흔들리지 않는 마음이라는 뜻으로, 마음이 외계의 충동을 받아도 조금도 흔들리지 않는다는 말.

婦老爲姑　부로위고

며느리가 늙으면 시어머니가 된다는 뜻으로, 나이가 어리다고 함부로 무시하면 안 된다는 말.

剖腹藏珠　　부복장주

배를 가르고 보물을 감춘다는 뜻으로, 재물에 눈이 어두워 자신에게 해가 되는 일도 서슴지 않고 자행한다는 말.

負薪入火　　부신입화

섶을 지고 불로 들어간다는 뜻으로, 어떤 일에 한술 더 떠서 사태를 더욱 걷잡을 수 없게 만든다는 말.

釜底笑鼎底　　부저소정저

가마솥 밑이 노구솥 밑을 비웃는다는 뜻으로, 자신의 큰 허물은 모르고 남의 작은 허물을 비웃는다는 말.

不足懸齒牙　　부족현치아

치아 사이에 두기 부족하다는 뜻으로, 문제 삼을 필요조차 없거나 말할 가치도 없을 때 쓰는 말.

釜中生魚　　부중생어

오래 밥을 짓지 못하여 솥 안에 고기가 생겨났다는 뜻으로, 몹시 가난하게 생활을 하고 있다는 말.

釜中之魚　　부중지어

가마솥 안에 든 고기라는 뜻으로, 삶아지는 것도 모르고 솥 안에서 헤엄치고 있는 물고기, 곧 목숨이 매우 위험하다는 말.

赴湯蹈火　　부탕도화

물불을 가리지 않고 뛰어든다는 뜻으로, 어려움이나 위험을 가리지 않는 자세를 비유하는 말.

負荊請罪　　부형청죄

가시나무를 등에 지고 때려 주기를 바란다는 뜻으로, 다른 사람에게 자신의 잘못을 인정하고 사과하면서 엄격한 처벌을 요구한다는 말.

附和雷同　　부화뇌동

우레 소리에 맞춰 함께한다는 뜻으로, 일정한 주관이 없이 경솔하게 남의 이야기에 찬동하는 태도를 이르는 말.

焚書坑儒　　분서갱유

책을 불태우고 유학자들을 묻어버린다는 뜻으로, 상황을 고려하지 않는 지독한 폭정을 이르는 말.

不可救藥　　불가구약

약으로 환자를 구할 수 없다는 뜻으로, 어떤 사람의 나쁜 습관을 고치거나 악한 사람을 구제할 길이 전혀 없다는 말.

不愧屋漏　　불괴옥루

어두운 곳에서 부끄러움이 없다는 뜻으로, 사람이 보지 아니하는 곳에 있어도 행동을 신중히 하고 경계하므로 귀신에게도 부끄럽지 않다는 말.

不俱戴天之讐　불구대천지수

함께 하늘 아래서 같이 살 수 없다는 뜻으로, 반드시 죽이거나 도저히 용서할 수 없을 정도로 원한을 지닌다는 말.

佛頭着糞　　불두착분

부처의 머리에 새가 똥을 싼다는 뜻으로, 고결한 사람이 속세에 때 묻어 버리거나 선량한 사람이 수모를 당하는 것을 비유하는 말.

不立文字　　불립문자

불도의 깨달음은 문자나 말로써 전하는 것이 아니라 뜻으로, 마음에서 마음으로 전한다는 말.

不問曲直　　불문곡직

굽음과 곧음을 묻지 않는다는 뜻으로, 옳고 그른 것을 묻지도 않고 잘잘못을 따져 묻지도 않는다는 말.

不辨菽麥 　　불변숙맥

콩과 보리도 구별하지 못한다는 뜻으로, 너무나 아둔해서 상식적인 일마저도 모르는 사람을 일컫는 말.

拂鬚塵 　　불수진

수염의 먼지를 털어 준다는 뜻으로, 권력자나 윗사람에게 지나치게 아부를 하는 것을 이르는 말.

不夜城 　　불야성

밤이 오지 않는 성이라는 뜻으로, 사람들로 항상 번잡하거나 사업이나 경기가 아주 좋아 활기찬 상태를 이르는 말.

不撓不屈 　　불요불굴

휘지도 않고 굽히지도 않는다는 뜻으로, 마음이 굳세어 흔들리지도 않고 굽히지도 않는다는 말.

不遠千里而來 　불원천리이래

천리 길도 멀다고 여기지 않는다는 뜻으로, 먼 길을 열심히 달려가는 것을 형용하여 이르는 말.

不怨天不尤人 　불원천불우인

자기의 뜻이 시대와 사회에 맞지 않더라도 하늘이나 다른 사람을 원망하지 않고, 늘 반성하여 발전과 향상을 도모한다는 말.

不遺餘力 　　불유여력

여력을 남기지 않고 힘을 다한다는 뜻으로, 어떤 일에 힘을 남김없이 다 쏟고 최선을 다한다는 말.

不以人廢言 　　불이인폐언

그 말이 옳은 것이라면 버리지 않는다는 뜻으로, 명언이면 말한 사람의 신분이 낮다 할지라도 결코 버려서는 안 된다는 말.

不撤晝夜 불철주야

밤낮을 가리지 않고 일에 힘을 쓴다는 뜻으로, 쉴 사이도 없이 열심히 일 하는 것을 이르는 말

不肖 불초

닮지 않았다는 뜻으로, 부모의 덕망이나 유업을 이어받지 못함, 또는, 그러한 사람을 이르는 말.

不恥下問 불치하문

손아랫사람이나 지위나 학식이 자기보다 못한 사람에게 묻는 것을 부끄러워하지 않는다는 말.

不寒而栗 불한이율

춥지도 않은데 공포에 떤다는 뜻으로, 폭정이 하도 심해 날씨가 춥지 않은데도 저절로 몸이 떨린다는 말.

不惑 불혹

홀려서 정신을 못 차리는 일이 없다는 뜻으로, 하늘의 이치를 터득했기 때문에 흔들림이 없다는 말로, 나이 마흔 살을 일컫는 말.

朋黨執虎 붕당집호

패거리의 힘은 호랑이도 잡는다는 뜻으로, 여러 사람의 힘은 바른 이치도 굽힐 수 있다는 말.

崩城之痛 붕성지통

성이 무너져 내리는 슬픔이라는 뜻으로, 남편의 죽음을 슬퍼하여 우는 아내의 울음을 이르는 말.

鵬程萬里 붕정만리

훤히 펼쳐진 긴 앞길이란 뜻으로, 보통 사람으로는 감히 생각도 못하는 원대한 희망이나 큰 상업 계획을 이르는 말.

非禮勿視 비례물시

예의에 어긋나는 일은 보지를 말라는 뜻으로, 도리에서 벗어나는 남의 행동은 본받을 점이 없기 때문에 눈여겨 볼 필요도 없다는 말.

誹謗之木 비방지목

정치를 잘못한 임금을 헐뜯는 글을 적는 나무라는 뜻으로, 훌륭한 정치의 표본이 되는 물건이나 사건을 이르는 말.

蚍蜉撼樹 비부감수

왕개미가 나무를 흔들어 보려 한다는 뜻으로, 자기의 능력이나 분수도 모르고 지나치게 과대평가하는 것을 비웃는 말.

悲憤慷慨 비분강개

슬프고 분하여 마음이 복받쳐 한탄한다는 뜻으로, 의롭지 못한 일이나 잘못되어 가는 세태 따위가, 슬프고 분하여 마음이 북받친다는 말.

臂不外曲 비불외곡

팔꿈치는 밖으로 굽지 않는다는 뜻으로, 아무래도 가까운 관계에 있는 사람에게 마음과 정이 더 쏠린다는 말.

飛蛾赴火 비아부화

불을 향해 날아드는 나방이라는 뜻으로, 스스로 자멸의 길로 들어가거나 재앙 속으로 몸을 던지는 것을 이르는 말.

脾胃難定 비위난정

비위가 뒤집혀 가라앉지 않는다는 뜻으로, 매우 보기 싫은 일을 당하여 그것을 참지 못하고 그대로 내색한다는 말.

髀肉之嘆 비육지탄

넓적다리에 살만 찐다는 뜻으로, 능력을 발휘하여 보람 있는 일을 하지 못하고 헛되이 세월만 보내는 것을 한탄하는 말.

飛耳長目 　비이장목

먼 곳의 것을 잘 듣는 귀와 잘 보는 눈이라는 뜻으로, 세상일에 능통하고 미래를 관망할 수 있는 사람을 일컫는 말.

飛入火夏虫 　비입화하충

날아서 불로 뛰어드는 여름 벌레라는 뜻으로, 스스로 자멸의 길로 들어가거나 재앙 속으로 몸을 던지는 것을 이르는 말.

牝鷄司晨 　빈계사신

암탉이 새벽을 알리느라고 먼저 운다는 뜻으로, 여자가 남편을 업신여겨 집안일을 마음대로 처리한다는 말.

貧者小人 　빈자소인

가난한 사람은 남에게 굽죄이는 일이 많아서 기를 펴지 못하므로 저절로 낮고 천한 사람처럼 된다는 말.

貧者之一燈 　빈자지일등

가난한 사람의 등불 하나라는 뜻으로, 어려운 형편에 처해 있으면서도 부처님을 정성스럽게 섬기는 자세를 이르는 말.

貧賤之交 　빈천지교

가난하고 천할 때 사귄 우정이란 뜻으로, 어려운 때의 친한 친구는 끝내 잊지 못한다는 말.

貧賤親戚離 　빈천친척이

빈천하게 되면 친척마저도 멀리 한다는 뜻으로, 세력이 있거나 돈이 있을 때는 아첨하며 따르고 돈이나 권세가 없어지면 푸대접하는 세속 인심을 이르는 말.

憑空捉影 　빙공착영

허공에 의지해 그림자를 잡는다는 뜻으로, 허망한 언행이나 이루어질 가망이 없는 것을 이르는 말.

氷炭不相容 빙탄불상용

얼음과 불은 성질이 서로 상대되어 만나면 없어진다는 뜻으로, 곧 군자와 소인은 서로 어울리지 못한다는 말.

氷炭相愛 빙탄상애

얼음과 불이 서로 화합한다는 뜻으로, 서로 정반대가 되어, 둘의 관계가 서로 화합되지 않는다는 말.

徙家忘妻 사가망처

이사하면서 아내를 잊어버리고 간다는 뜻으로, 중요한 일을 놓쳐버리는 얼빠진 사람을 이르는 말.

四顧無親 사고무친

사방을 돌아보아도 친척이 없다는 뜻으로, 의지할 만한 아는 사람이나 친척이 전혀 없다는 말.

死孔明走生仲達 사공명주생중달

죽은 제갈공명이 살아 있는 사마중달을 달아나게 했다는 뜻으로, 헛소문만 듣고 지레 겁을 집어먹는 것을 이르는 말.

射空中鵠 사공중곡

허공에 화살을 쏘아 과녁을 맞힌다는 뜻으로, 아무 것도 모르고 한 일이 우연히 들어맞았다는 말.

捨近取遠 사근취원

가까운 것은 버리고 먼 것을 취한다는 뜻으로, 일의 순서를 바꾸거나 차례를 뒤바꾸어서 한다는 말.

仕驥捕鼠　　사기포서

천리를 달리는 말에게 쥐를 잡게 한다는 뜻으로, 사람을 적재적소에 쓸 줄 모르는 것을 비유하는 말.

四端　　사단

일의 실마리라는 뜻으로, 사람의 본성에서 우러나는 네 가지 마음씨. 곧, 인(仁), 의(義), 예(禮), 지(智)의 네 가지를 이르는 말.

捨糧沈舟　　사량침주

식량을 버리고 배를 가라앉힌다는 뜻으로, 승리를 얻기 전에는 돌아가지 않는다는 굳은 결의를 일컫는 말.

司馬昭之心　　사마소지심

사마소의 마음은 길 가는 사람도 다 안다는 뜻으로, 음흉한 심보나 음모가 백일하에 드러났다는 말.

四面楚歌　　사면초가

사방에서 들리는 초나라의 노래라는 뜻으로, 사방이 모두 적으로 둘러싸인 형국이나 누구의 도움도 받을 수 없는 고립된 상태를 이르는 말.

蛇無頭不行　　사무두불행

뱀은 머리가 없으면 앞으로 나가가지 못한다는 뜻으로, 사악한 무리는 두목이 없으면 행동을 하지 못한다는 말.

事無二成　　사무이성

두 가지 일이 다 이루어질 수는 없다는 뜻으로, 두 가지 일 가운데 한 가지는 실패한다는 말.

事半功倍　　사반공배

일은 반을 했지만 효과는 배가 된다는 뜻으로, 작은 힘을 기울이고도 얻는 성과가 클 때 쓰는 말.

ㅅ

四分五裂　　사분오열

여러 갈래로 갈기갈기 찢어진다는 뜻으로, 의견이나 지역이 여럿으로 나뉘어져 통일이 되지 못한다는 말.

駟不及舌　　사불급설

네 말 수레도 혀보다는 빠르지 않다는 뜻으로, 사람들의 입에 오르면 퍼지는 속도가 말할 수 없이 빠르니 항상 말조심을 하라는 말.

死不瞑目　　사불명목

죽어도 눈을 감지 못한다는 뜻으로, 한이 깊이 맺혀 죽어서도 눈을 편히 감지 못한다는 말.

邪不犯正　　사불범정

바르지 못한 것은 바른 것을 감히 범하지 못한다는 뜻으로, 곧, 정의가 반드시 이긴다는 말.

仕非爲貧　　사비위빈

관리가 되는 것은 가난을 면하기 위한 것이 아니라는 뜻으로, 참된 관리는 덕을 세상에 펴는 사람이라는 말.

沙上樓閣　　사상누각

모래 위에 세운 높은 건물이란 뜻으로, 겉모양은 번듯하나 기초가 약하여 오래가지 못한다는 말.

死生同苦　　사생동고

죽는 것도 같이할 정도로 어떠한 고생도 같이 한다는 뜻으로, 아무리 어려운 고생도 같이 한다는 말.

死生有命　　사생유명

죽고 사는 것이 운명에 매였다는 뜻으로, 사람의 힘으로써는 어찌할 수 없음을 일컫는 말.

捨生取義　　사생취의

목숨을 버리고 의를 좇는다는 뜻으로, 죽고 삶을 돌보지 않고 옳은 일을 위해 끝장을 내려고 대든다는 말.

射石爲虎　　사석위호

돌을 호랑이로 잘못 알고 활을 쏘자 화살이 돌에 깊이 박힌다는 뜻으로, 정신을 집중해서 일을 하면 성공한다는 말.

私淑　　사숙

직접 가르침은 받지는 않았으나, 마음속으로 그 사람을 본받아서 도나 학문을 배우거나 따른 다는 말.

死僧習杖　　사승습장

죽은 중의 볼기를 친다는 뜻으로, 저항할 힘이 없는 사람에게 폭력을 가하며 위엄을 부린다는 말.

蛇心佛口　　사심불구

뱀의 마음에 부처의 입이라는 뜻으로, 속으로는 간악한 마음을 품고 있으면서 착한 말을 하는 행동이나 그러한 행동을 하는 사람을 이르는 말.

射魚指天　　사어지천

물고기를 잡으려고 하늘을 향해 활을 쏜다는 뜻으로, 방법이 잘못되어 목적을 이룰 수 없다는 말.

似而非　　사이비

그럴 듯하면서도 아닌 것이라는 뜻으로, 겉으로는 그것과 같아 보이나 실제로는 전혀 다르거나 아닌 것을 이르는 말.

死而後已　　사이후이

죽은 뒤에야 일을 그만둔다는 뜻으로, 죽을 때까지 있는 힘을 다하여 그 일을 끝까지 한다는 말.

ㅅ

射人先射馬 사인선사마

사람을 쏘기 위해서는 먼저 말을 쏜다는 뜻으로, 상대방을 제압하려면 먼저 그 사람의 의지하고 있는 것부터 제거해야 한다는 말.

獅子奮迅 사자분신

사자가 성낸 듯 그 기세가 거세고 날래다는 뜻으로, 무슨 일을 하는 데 그 기세가 매우 격렬하다는 말.

獅子身中蟲 사자신중충

사자의 몸 속에 생긴 벌레라는 뜻으로, 자기편에 해를 끼치는 사람이나 내부에서 재앙을 불러일으키는 사람을 이르는 말.

獅子吼 사자후

짐승이 사자의 울부짖는 소리에 엎드려 떤다는 뜻으로, 크게 부르짖어 열변을 토하는 연설을 비유하는 말.

事齊事楚 사제사초

제나라를 섬겨야 하는가, 초나라를 섬겨야 하는가. 중간에 끼어서 이러지도 저러지도 못하는 딱한 사정을 비유해서 일컫는 말.

師弟三世 사제삼세

스승과 제자의 인연은 전세·현세·내세에까지 계속 된다는 말로, 그 관계가 매우 깊고 밀접하다는 말.

蛇足 사족

뱀의 다리라는 뜻으로, 안 해도 될 쓸데없는 일을 덧붙여 하다가 도리어 일을 그르친다는 말.

四知 사지

넷이 안다. 하늘과 땅, 너와 내가 안다는 뜻으로, 무슨 비밀이든지 언젠가는 반드시 드러나고야 만다는 말.

死且不朽 사차불후

죽더라도 썩지 않는다는 뜻으로, 육체는 죽어 없어져도 그 명성만은 후세에 길이 남는다는 말.

徙宅忘妻 사택망처

이사를 하면서 아내를 잊어버린다는 뜻으로, 정말 중요한 것은 놓쳐 버리는 얼빠진 사람을 이르는 말.

四通八達 사통팔달

길이 사방으로 통하고 팔방에 이른다는 뜻으로, 길이 여러 군대로 막힘없이 통하는 번화한 곳을 이르는 말.

事必歸正 사필귀정

모든 일은 반드시 바른 데로 돌아간다는 뜻으로, 처음에는 잘못되어 가더라도 반드시 바른 길로 돌아서게 된다는 말.

四海兄弟 사해형제

온 천하 사람이 다 형제와 같다는 뜻으로, 뜻을 같이하고 마음이 일치한다면 누구라도 형제와 같이 지낼 수 있다는 말.

射倖數跌 사행삭질

요행을 노려 쏘는 화살은 번번이 차질을 일으킨다는 뜻으로, 사행심으로 하는 일은 성취하기가 어렵다는 말.

死灰復燃 사회부연

다 탄 재가 다시 불이 붙는다는 뜻으로, 세력을 잃었던 사람이 힘을 길러 다시 세력을 잡는다는 말.

死後藥方文 사후약방문

죽은 뒤에 약 처방이라는 뜻으로, 이미 때가 지난 후에 계책을 세우거나 후회해도 소용없다는 말.

死後淸心丸　　　사후청심환

죽은 후에는 아무리 좋은 약이 있어도 소용없다는 뜻으로, 무슨 일이나 시기를 놓치면 안 된다는 말.

山窮水盡　　　산궁수진

산이 막히고 물줄기가 끊어진다는 뜻으로, 막다른 지경에 이르러 피해 나갈 도리가 없다는 말.

山戰水戰　　　산전수전

산에서 싸우고 물에서 싸웠다는 뜻으로, 세상일의 온갖 고생과 어려움을 다 겪어봤다는 말.

山中無曆日　　　산중무역일

산중에는 달력이 필요 없다는 뜻으로, 산에서 자연을 즐기며 세월이 가는 줄도 모르고 살아 간다는 말.

山海珍味　　　산해진미

산과 바다의 갖가지 진귀한 산물로 잘 차린 맛 좋은 음식이란 뜻으로, 엄청나게 잘 차린 음식을 이르는 말.

殺身成仁　　　살신성인

자신의 몸을 죽여서 어짊을 이룩한다는 뜻으로, 몸을 바쳐 올바른 일을 행하는 것을 이르는 말.

三顧草廬　　　삼고초려

세 번이나 초가집을 방문한다는 뜻으로, 훌륭한 인물을 얻기 위해서는 많은 수고가 따른다는 말.

三年不飛又不鳴　　삼년불비우불명

삼 년간이나 한 번도 날지도 울지도 않는다는 뜻으로, 큰 뜻을 펼칠 날을 기다리는 것을 이르는 말.

三昧境 삼매경

산란한 마음을 한곳에 모아 움직이지 않게 하여, 마음을 바르게 유지시켜 망념에서 벗어난다는 말.

三不朽 삼불후

세 가지 영원히 썩지 않을 일이라는 뜻으로, 세워 놓은 덕, 이루어 놓은 공, 후세에 교훈이 될 훌륭한 말을 이르는 말.

三水甲山 삼수갑산

함경남도의 삼수와 갑산이 교통이 불편한 오지라는 뜻으로, 몹시 어려운 지경을 이르는 말.

三十六計 삼십육계

온갖 계책 중에 줄행랑이 제일 이라는 뜻으로, 되지도 않을 일에 매달리지 말고 기회를 보아 피하는 것이 상책이라는 말.

三人成市虎 삼인성시호

세 사람이 똑같은 말을 하면 호랑이도 만든다는 뜻으로, 아무리 근거 없는 말도 여러 사람이 하면 이를 믿게 된다는 말.

三人行必有我師 삼인행필유아사

세 사람이 길을 가면 반드시 나의 스승이 될 만한 사람이 있다는 뜻으로, 사람이 많이 모인 곳에는 반드시 본받을 만한 사람이 있다는 말.

三從之道 삼종지도

지난날, 여자가 지켜야 했던 도리. 곧, 어려서는 아버지를, 시집가서는 남편을, 남편이 죽은 후에는 아들을 좇음을 이르는 말.

三尺童子 삼척동자

키가 석 자밖에 되지 않는 아이라는 뜻으로, 철부지 어린아이나 견문이 적은 사람을 비유하는 말.

三千甲子東方朔 삼천갑자동박삭

장수하는 사람이라는 뜻으로, 동방삭이 십팔만 살이나 살았다하여, 건강하게 장수하는 사람을 일컫는 말.

三遷之教 삼천지교

세 번 거처를 옮긴 가르침이라는 뜻으로, 어머니가 자식을 훌륭하게 가르치기 위해 노력하는 것을 비유하는 말.

喪家之狗 상가지구

초상집의 개라는 뜻으로, 초라한 모습으로 여기저기 떠돌아다니며 천대받는 사람을 이르는 말.

傷弓之鳥 상궁지조

한 번 화살을 맞아 다친 새라는 뜻으로, 한 번 혼이 난 일로 말미암아 무슨 일이든 항상 두려워하고 경계하는 것을 이르는 말.

上德不德 상덕부덕

최상의 덕은 덕같이 여겨지지 않는다는 뜻으로, 진심에서 우러나오는 참된 덕성은 자랑하지 않아도 저절로 드러난다는 말.

嘗糞之徒 상분지도

똥도 핥을 놈이라는 뜻으로, 남에게 아첨하여 어떤 부끄러운 것도 마다하지 않는 사람을 이르는 말.

上寺乞醢 상사걸해

절에 가서 젓국을 달라고 한다는 뜻으로, 도저히 있을 수 없는 곳에 가서 당치도 않게 찾는다는 말.

相思病 상사병

서로 생각하는 병이라는 뜻으로, 남자와 여자 사이에 못 잊어 그리워 한 나머지 생기는 병을 이르는 말.

尙有良心 상유양심

아직 양심이 있다는 뜻으로, 악한 사람들에게도 양심이 있으므로 바르게 인도할 수 있다는 말.

桑田碧海 상전벽해

뽕나무 밭이 변하여 푸른 바다가 된다는 뜻으로, 세상 모습이 몰라볼 정도로 변하였다는 말.

上濁下不淨 상탁하부정

윗물이 흐리면 아랫물도 깨끗하지 않다는 뜻으로, 윗사람이 부패하면 아랫사람도 부패하다는 말.

上下撑石 상하탱석

윗돌 빼서 아랫돌 괴고, 아랫돌 빼서 윗돌을 괸다는 뜻으로, 임시변통으로 이리 저리 버티는 것을 이르는 말.

塞翁之馬 새옹지마

변방에 사는 노인의 말이라는 뜻으로, 모든 것은 변화가 많아서 인생의 길흉화복을 예측할 수 없다는 말.

生口不網 생구불망

산 입에 거미줄 치지 않는다는 뜻으로, 아무리 가난하고 어렵다 해도 먹고살아갈 수는 있다는 말.

生巫殺人 생무살인

선무당이 사람 잡는다는 뜻으로, 기술이나 경험이 없는 사람이 잘난 척하다가 재난을 초래한다는 말.

生不如死 생불여사

삶이 죽음만 못하다는 뜻으로, 몹시 어려운 지경에 빠져서 사는 것이 죽느니만 못하다는 말.

生殺與奪　　　생살여탈

살리기도 하고 죽이기도 하고, 주기도 하고 빼앗기도 한다는 뜻으로, 남의 목숨이나 재물을 마음대로 한다는 말.

生者必滅　　　생자필멸

생명이 있는 것은 빠름과 늦음의 차이는 있어도 반드시 죽음에 이른다는 뜻으로, 인생무상을 이르는 말.

生吞活剝　　　생탄활박

통째로 삼켰다가 그대로 산채로 토해 낸다는 뜻으로, 남의 경험을 배우지만 아무런 반성이나 비판 없이 무조건 수용하는 태도를 이르는 말.

鼠肝蟲臂　　　서간충비

쥐의 간이나 벌레의 앞다리란 뜻으로, 전혀 쓸모없거나 미천하여 부릴 가치가 없는 사람을 이르는 말.

噬犬不露齒　　　서견불로치

물어뜯는 개는 이를 드러내지 않는다는 뜻으로, 남을 해치려는 자는 먼저 부드러운 태도로 상대방을 속인다는 말.

西山落日　　　서산낙일

서산에 지는 해라는 뜻으로, 형세가 기울어져 어쩔 수 없이 멸망하게 된 판국을 이르는 말.

西施矉目　　　서시빈목

서시가 눈살을 찌푸린다는 뜻으로, 쓸데없이 남의 흉내만 내어 세상의 웃음거리가 된다는 말.

噬臍莫及　　　서제막급

사향노루가 제 배꼽 때문에 잡힌 줄 알고 배꼽을 물어뜯어도 이미 때가 늦었다는 뜻으로, 이미 때가 늦어 후회해도 소용없다는 말.

書足以記姓名 서족이기성명

글은 자기 성씨와 이름만 쓸 줄 알면 족하다는 뜻으로, 실천보다는 학식만 앞세우는 태도를 비꼬는 말.

席藁待罪 석고대죄

거적을 깔고 앉아 벌을 주기를 기다린다는 뜻으로, 잘못을 인정하고 죄과에 대한 처벌을 기다린다는 말.

碩果不食 석과불식

큰 과실은 다 먹지 않고 남긴다는 뜻으로, 자기만의 욕심을 버리고 자손에게 복을 내려 준다는 말.

席卷 석권

자리를 말아 간다는 뜻으로, 자리를 말듯이 한쪽에서부터 토지를 공격해 전체를 차지하는 것으로, 어떤 부분을 자신의 손아귀에 넣어 일인자가 되는 것을 이르는 말.

席不暇暖 석불가난

앉은자리가 따뜻할 겨를이 없다는 뜻으로, 자리나 거처를 자주 옮기거나 바쁘게 돌아다닌다는 말.

石漱枕流 석수침류

돌로 양치질하고 흐르는 물로 베개를 삼는다는 뜻으로, 남에게 지기 싫어하는 마음이 강하다는 말.

石田耕牛 석전경우

자갈밭을 가는 소라는 뜻으로, 황해도 사람의 부지런하고 인내심이 강한 성격을 평하는 말.

惜指失掌 석지실장

손가락을 아끼다가 손바닥마저 잃는다는 뜻으로, 작은 이익에 정신을 팔다가 오히려 큰 손해를 보게 된다는 말.

先覺者　　　선각자
남달리 앞서 깨달은 사람이라는 뜻으로, 누구보다도 일찍 눈을 뜨고, 실행하는 사람을 일컫는 말.

善供無德　　　선공무덕
부처에게 잘 공양하였으나 공덕이 없다는 뜻으로, 남을 위하여 힘껏 노력하였으나 거기에 대한 아무런 보람이 없다는 말.

先公後私　　　선공후사
공적인 일을 먼저 하고 사적인 일은 뒤로 미룬다는 뜻으로, 사사로운 일이나 이익보다 공익을 앞세운다는 말.

善騎者墮　　　선기자타
말을 잘 타는 사람이 말에서 떨어진다는 뜻으로, 재주만 믿고 자만하면 재앙을 당한다는 말.

先發制人　　　선발제인
먼저 술수를 써서 상대를 제압한다는 뜻으로, 남의 꾀를 먼저 알아차리고, 일이 생기기 전에 미리 막는다는 말.

先憂後樂　　　선우후락
근심되는 일은 남보다 앞서 근심하고 즐길 일은 남보다 나중에 즐긴다는 뜻으로, 나라를 위한 충신의 깊은 마음을 이르는 말.

善游者溺　　　선유자익
헤엄 잘 치는 사람이 물에 빠져 죽기 쉽다는 뜻으로, 재주가 많은 사람이 그 재주를 믿고 지나친 행동을 하다가 화를 입는다는 말.

先意順旨　　　선의순지
그 사람이 생각하기도 전에 눈치 빠르게 의중을 알아채고 뜻을 좇는다는 뜻으로, 다른 사람이 원하는 것을 미리 알고 비위를 맞추는 아부를 이르는 말.

先入見　　　선입견

먼저 들은 말로 견해가 굳어진다는 뜻으로, 이전부터 머릿속에 들어 있는 고정적인 관념이나 견해를 이르는 말.

先着鞭　　　선착편

먼저 채찍을 친다는 뜻으로, 어떤 일을 남보다 먼저 착수하거나 자리를 잡는 일을 이르는 말.

仙風道骨　　　선풍도골

선인의 풍모와 도사의 골격이란 뜻으로, 남달리 뛰어나고 고결하여 신선과 같은 고아한 풍채를 이르는 말.

雪泥鴻爪　　　설니홍조

눈 위에 난 기러기 발자국이 눈이 녹으면 없어진다는 뜻으로, 인생의 자취가 눈 녹듯이 사라져 무상하다는 말.

雪膚花容　　　설부화용

눈처럼 흰 살결과 꽃같이 예쁜 얼굴이라는 뜻으로, 아름다운 여인의 얼굴과 모습을 비유하는 말.

雪上加霜　　　설상가상

눈 위에 또 서리가 덮인 격이라는 뜻으로, 엎친 데 덮친다는 말로 어려운 일이 연거푸 일어난다는 말.

成功者退　　　성공자퇴

공을 이룬 사람은 때를 알고 물러나야 걱정이 없다는 뜻으로, 자기가 원하는 목적을 달성했으면 더 이상 자리에 연연하지 말고 물러나야 한다는 말.

聲東擊西　　　성동격서

동쪽을 칠 듯이 말하고 실제로는 서쪽을 친다는 뜻으로, 상대방을 속여 교묘하게 공격을 한다는 말.

盛水不漏 성수불루

가득 찬 물이 조금도 새지 않는다는 뜻으로, 빈틈없이 꽉 짜여 있거나 지극히 정밀한 것을 이르는 말.

性猶湍水 성유단수

사람의 심성은 세차게 흐르는 여울과 같다는 뜻으로, 성장하는 환경과 교육에 따라 악하게도 되고 착하게도 된다는 말.

盛者必衰 성자필쇠

한 번 성한 자는 반드시 쇠하게 마련이라는 뜻으로, 기세가 왕성한 자는 반드시 꺾인다는 말.

成竹胸中 성죽흉중

대나무를 그릴 때 먼저 머릿속에 그 형상을 떠올린다는 뜻으로, 일을 하기 전에 마음속에 미리 계획을 세운다는 말.

誠中形外 성중형외

마음속에 담긴 진실한 생각은 밖으로 드러난다는 뜻으로, 악한 마음씨를 가진 사람은 아무리 겉으로 착한 척해도 본심이 드러난다는 말.

成下之盟 성하지맹

성 밑에서 항복하여 맺는 맹약이라는 뜻으로, 압력에 의한 굴욕적으로 맺은 조약이나 협약을 비유하는 말.

城狐社鼠 성호사서

성안에 숨어사는 여우나 묘당에 기어든 쥐새끼란 뜻으로, 임금의 곁에 있는 간신의 무리나 관청의 세력에 기대어 사는 무리를 이르는 말.

洗垢求瘢 세구구반

때를 씻어 내어 남의 잘못을 찾아낸다는 뜻으로, 일부러 남의 결점을 드러내려 하는 경우를 빗대어 이르는 말.

洗踏足白 세답족백

상전의 빨래에 종의 발뒤꿈치가 희어진다는 뜻으로, 남의 일을 하여 얻어지는 소득을 이르는 말.

勢不兩立 세불양립

비슷한 두 세력은 공존할 수 없다는 뜻으로, 자웅을 겨루는 두 세력 사이에 화친이 있을 수 없다는 말.

歲月不待人 세월부대인

세월은 사람을 기다리지 않는 다는 뜻으로, 젊었을 때 부지런히 학문에 힘쓰라는 당부가 담긴 말.

歲寒松柏 세한송백

소나무와 잣나무의 푸른 기상은 겨울이 되어야 안다는 뜻으로, 어떤 역경 속에서도 지조를 굽히지 않는다는 말.

小隙沈舟 소극침주

작은 틈으로 스며든 물에 배가 가라앉는다는 뜻으로, 적은 일을 소홀히 하면 큰 재앙이 닥치는 것을 경계하는 말.

少年易老學難成 소년이로학난성

젊은 나이는 쉽게 늙어 버리는데 학문은 이루기가 어렵다는 뜻으로, 세월은 거침없이 빠르게 흘러가고 그 가운데서 일을 이루기가 힘든 것을 이르는 말.

笑裏藏刀 소리장도

웃음 속에 칼을 감추고 있다는 뜻으로, 겉으로는 웃으면서 속으로는 음험한 생각을 한다는 말.

小心翼翼 소심익익

세심하게 마음을 써서 삼간다는 뜻으로, 조그만 일에까지 대단히 조심하고 생각을 한다는 말.

笑中有刀　　　소중유도
웃음 속에 칼이 있다는 뜻으로, 겉으로는 좋은 체하나 속으로는 도리어 해치
려는 마음을 품고 있다는 말.

小貪大失　　　소탐대실
작은 것을 탐내다가 큰 것을 잃는다는 뜻으로, 작은 이익에 정신을 팔다가 오
히려 큰 손해를 보게 되는 어리석음을 이르는 말.

巢毀卵破　　　소훼란파
보금자리가 부서지면 알도 깨진다는 뜻으로, 국가나 사회에 불행이 있으면
그 구성원들도 불행을 당한다는 말.

束之高閣　　　속지고각
물건을 묶어 높은 선반에 놓는다는 뜻으로, 물건을 오랫동안 쓰지 않고 내버
려 두거나 사람을 임용하지 않고 내버려 둔다는 말.

松茂栢悅　　　송무백열
소나무가 무성한 것을 잣나무가 기뻐한다는 뜻으로, 친구나 가까운 친척이
잘되는 일을 기뻐한다는 말.

宋襄之仁　　　송양지인
송나라 양공의 인정이란 뜻으로, 지나치게 착하기만 하여 쓸데없는 아량을
베풀어 실속이 없다는 말.

雖乞食厭拜謁　수걸식염배알
비록 빌어먹을망정 배알하지 않겠다는 뜻으로, 아무리 궁해도 몸을 굽혀 지
조를 버리지 않겠다는 말.

水廣則魚游　　수광즉어유
물이 넓으면 고기가 모여 논다는 뜻으로, 덕으로 사람을 대하면 많은 사람이
모여 들게 된다는 말.

守口如瓶 수구여병

병에 담아 놓은 듯이 입을 다물고 있다는 뜻으로, 비밀을 다른 사람이 알지 못하도록 한다는 말.

首丘初心 수구초심

여우가 죽을 때 머리를 자기가 살던 굴로 향한다는 뜻으로, 고향을 그리워하는 마음을 이르는 말.

手談 수담

서로 마주하여 말없는 가운데 손만으로도 뜻이 통한다는 뜻으로, 바둑 또는 바둑 두는 일을 일컫는 말.

水到渠成 수도거성

물이 흐르면 자연히 개천이 생긴다는 뜻으로, 학문을 깊이 닦으면 자연 도가 이루어진다는 말.

樹倒猢猻散 수도호손산

나무가 쓰러지자 그곳에서 살던 원숭이들이 흩어진다는 뜻으로, 우두머리가 낭패를 당하면 그에게 등을 기대고 있던 자들도 덩달아 패가망신 한다는 말.

垂頭塞耳 수두색이

머리 숙여 아첨하고 귀를 막아 비난을 듣지 않는다는 뜻으로, 염치없이 남에게 아첨을 한다는 말.

水落石出 수락석출

물이 말라서 밑바닥의 돌이 드러난다는 뜻으로, 사건의 진상이 나중에 명백히 드러난다는 말.

垂簾聽政 수렴청정

발을 드리우고 정사를 본다는 뜻으로, 임금이 어린 나이로 즉위하였을 때 왕대비나 대왕대비가 임금을 대신하여 정사를 돌보던 일.

首尾相接   수미상접

머리와 꼬리가 서로 이어져 있다는 뜻으로, 양쪽 끝이 서로 맞닿고 이어져 끊어지지 않는다는 말.

數米而炊   수미이취

쌀알을 세어 밥을 짓는다는 뜻으로, 인색하고 좀스럽거나 생활이 곤궁한 것을 이르는 말..

手不釋卷   수불석권

손에서 책을 놓지 않는다는 뜻으로, 쉬지 않고 공부를 하거나 독서에 몰입해 있는 것을 비유하는 말.

首鼠兩端   수서양단

쥐가 구멍에서 머리만 내밀고 요리조리 엿본다는 뜻에서, 진퇴나 거취를 결단하지 못하고 관망하고 있는 상태를 이르는 말.

水泄不通   수설불통

물이 샐 틈이 없다는 뜻으로, 경비나 단속이 엄중하여 비밀이 따위가 새어 나가지 못하게 한다는 말.

袖手傍觀   수수방관

팔짱을 끼고 바라만 본다는 뜻으로, 응당 해야 할 일에 아무런 간여도 하지 않고 그대로 버려둔다는 말.

水隨方圓器   수수방원기

물은 그릇이 모나거나 둥글거나 거기에 따른다는 뜻으로, 백성은 군주의 선악에 따라 그 선악이 이루어진다는 말.

修飾邊輻   수식변폭

옷의 가장자리를 꾸민다는 뜻으로, 속빈 강정 같은 사람이 겉만 화려하게 꾸민 것을 비유하는 말.

水魚之交 수어지교

물과 물고기의 사귐이라는 뜻으로, 고기가 물을 떠나서는 잠시도 살 수 없는 것과 같이 떨어질 수 없는 사이를 이르는 말.

數魚混水 수어혼수

몇 마리의 고기가 물을 흐린다는 뜻으로, 소수의 행위로 인하여 여럿이 해를 입을 때를 이르는 말.

樹欲靜而風不止 수욕정이풍부지

나무는 조용하고자 하지만 바람이 그치지 않는다는 뜻으로, 가지 많은 나무에 바람 잘날 없다는 말.

隨友適江南 수우적강남

친구 따라 강남에 간다는 뜻으로, 친구를 좋아하면 먼 곳이라도 피로를 잊고 따라간다는 말.

誰怨誰咎 수원수구

누구를 원망하며 누구를 나무라겠느냐는 뜻으로, 남을 원망하거나 책망할 것이 없다는 말.

繡衣夜行 수의야행

수놓은 옷을 입고 밤길을 걷는다는 뜻으로, 아무 보람이 없는 행동을 하거나 남들이 알아주지 않는 일을 한다는 말.

竪子不足與謀 수자부족여모

어린아이와는 더불어 모의하기가 부족하다는 뜻으로, 사람 됨됨이가 좀 모자라서 함께 의논 할 사람이 못 될 때 쓰는 말.

水滴穿石 수적천석

물방울이 돌을 뚫는다는 뜻으로, 적은 노력도 계속하면 큰일을 이룩할 수 있고 작은 것도 많이 모이면 큰 힘을 낼 수 있다는 말.

守株待兔 　수주대토
그루터기에 앉아서 토끼를 기다린다는 뜻으로, 노력하지 않고 전혀 가망이 없는 것을 기다린다는 말.

壽則多辱 　수즉다욕
오래 살면 그만큼 욕되는 일이 많다는 뜻으로, 오래 살수록 그만큼 고생이나 망신을 당할 일이 많아진다는 말.

誰知烏之雌雄 　수지오지자웅
누가 까마귀의 암수를 구별할 수 있겠느냐는 뜻으로, 시비를 분명하게 가리기 힘든 경우에 쓰는 말.

水淸無大魚 　수청무대어
물이 너무 맑으면 물고기가 없다는 뜻으로, 너무 강직하면 사람들이 그를 두려워해서 따르지 않는다는 말.

水火不相容 　수화불상용
물과 불은 서로 통하지 않는다는 뜻으로, 서로 어울릴 수 없는 속성 때문에 친교가 이루어질 수 없다는 말.

羞花閉月 　수화폐월
꽃도 부끄러워하고 달도 숨는다는 뜻으로, 여인의 얼굴과 맵시가 매우 아름다운 것을 이르는 말..

菽麥 　숙맥
콩과 보리를 구별 못한다는 뜻으로, 사리 분별을 못하는 어리석고 못난 사람을 비유하는 말.

熟不還生 　숙불환생
한 번 익힌 음식은 날것으로 되돌아 갈 수 없다는 뜻으로, 남에게 음식을 권할 때 쓰는 말.

宿虎衝鼻 숙호충비

잠자는 호랑이의 코를 바늘로 찌른다는 뜻으로, 재난을 스스로 불러들이는 일을 비유하여 이르는 말.

夙興夜寐 숙흥야매

아침 일찍 일어나고 밤늦게 잔다는 뜻으로, 자신이 맡은 역할과 책임을 다하기 위해 애쓰고 노력하는 모습을 이르는 말.

脣亡齒寒 순망치한

입술이 없으면 이가 시리다는 뜻으로, 가까운 한쪽이 망하면 다른 한쪽도 온전하기 어렵다는 말.

順風而呼 순풍이호

바람이 부는 방향으로 소리를 지른다는 뜻으로, 좋은 기회를 타서 일을 행하면 성사되기 쉽다는 말.

述而不作 술이부작

기술하기만 할 뿐 창작하지는 않는다는 뜻으로, 선인의 업적을 이어 이를 설명하고 서술할 뿐 새로운 부분을 만들어 첨가하지 않는 태도를 이르는 말.

述者之能 술자지능

글이 잘 되고 못 됨은 쓴 사람의 재능에 달렸다는 뜻으로, 일이 잘 되고 못 됨은 그 사람의 수단에 달렸다는 말.

膝下 슬하

무릎 아래라는 뜻으로, 거느리는 곁이나 품안. 주로 부모의 따뜻한 보살핌 아래를 이르는 말.

升堂入室 승당입실

먼저 마루에 올라 방으로 들어온다는 뜻으로, 학문이나 예술이 차츰 높은 수준으로 나아가 깊은 경지에 이른다는 말.

升斗之利　　승두지리

한 되, 한 말의 이익이라는 뜻으로, 대수롭지 않은 이익이라도 헛되게 해서는 안 된다는 말.

乘望風旨　　승망풍지

망루에 올라 바람결을 헤아린다는 뜻으로, 윗사람의 눈치를 보아 가며 비위를 잘 맞추어 준다는 말.

勝者所用敗者棋　　승자소용패자기

승자가 사용한 바둑돌은 이전에 패자가 사용했던 바둑돌이라는 뜻으로, 같은 사물이라도 그것을 쓰는 사람의 능력·기량에 따라 결과가 달라진다는 말.

昇天入地　　승천입지

하늘로 올라가거나 땅속으로 들어갔다는 뜻으로, 흔적도 없이 자취를 감추거나 사라진다는 말.

勝敗兵家之常事　　승패병가지상사

이기고 지는 것은 병가에게 있어서 일상적인 일이라는 뜻으로, 전쟁이든 경쟁이든 승패가 걸려야 하는 상황이면 이기고 지는 것에 크게 개의치 말고 최선을 다하라는 말.

乘風破浪　　승풍파랑

바람을 타고 만 리의 거센 물결을 헤쳐 간다는 뜻으로, 거듭되는 난관을 이겨 내고 전진한다는 말.

豺狼當道　　시랑당도

승냥이와 이리가 길을 막는다는 뜻으로, 사악한 인간들이 권력을 잡고 횡포를 부린다는 말.

時不再來　　시부재래

한 번 지나간 때는 다시 오지 않는다는 뜻으로, 일을 할 때에는 때를 놓쳐서는 안 된다는 말.

視死如歸　시사여귀

죽음을 고향에 돌아가는 것으로 보고 두려워하지 않는다는 뜻으로, 죽음을 조금도 두려워하지 않는다는 말.

屍山血海　시산혈해

사람의 시체가 산처럼 쌓이고 피가 바다를 이룬다는 뜻으로, 수많은 목숨이 무참히 사살된 것을 이르는 말.

尸位素餐　시위소찬

직책을 다하지 못하고 있으면서 공밥을 먹는다는 뜻으로, 직책을 다 하지 못하고 다른 사람의 몸에 붙어서 녹만 받아먹고 있다는 말.

始終不渝　시종불투

처음부터 마지막까지 변함이 없다는 뜻으로, 절개나 정조 같은 것이 변하지 않는 것을 일컫는 말.

始終一貫　시종일관

처음부터 끝까지 한결 같다는 뜻으로, 시작부터 끝날 때까지 조금도 꾀를 부리는 일이 없이 잘한다는 말.

食少事煩　식소사번

먹는 것은 적고 하는 일은 많다는 뜻으로, 자신의 몸은 돌보지 않고 일에 몰두하는 태도를 비유하는 말.

食言　식언

헛소리로 살이 쪘다는 말로, 사람이 신용을 지키지 않고 흰소리만 계속 지껄이는 것을 비유하는 말.

識字憂患　식자우환

아는 것이 오히려 우환이 된다는 뜻으로, 너무 많이 알기 때문에 쓸데없는 걱정도 그 만큼 많다는 말.

食指動   식지동

먹을 때만 움직인다는 뜻으로, 식욕이 있다든가 사물에 대한 의욕과 욕망을 느낄 때 쓰이는 말.

信賞必罰   신상필벌

상을 줄 만한 사람에게는 꼭 상을 주고, 벌을 줄 만한 사람에게는 꼭 벌을 준다는 뜻으로, 상벌을 규정대로 분명하게 한다는 말.

薪水之勞   신수지로

땔나무를 주워 모으고, 먹을 물을 긷는 수고라는 뜻으로, 근근이 생계를 이어가는 수고를 이르는 말.

身言書判   신언서판

관리로 등용되기 위해 갖추어야 했던 네 가지 조건이란 뜻으로, 곧, 신수·말씨·문필·판단력을 이르는 말.

新陳代謝   신진대사

묵은 것이 없어지고 새것이 대신 생긴다는 뜻으로, 생물체가 영양분을 섭취하고 노폐물을 배설하는 생리작용을 이르는 말.

神出鬼沒   신출귀몰

귀신같이 나왔다가 감쪽같이 없어진다는 뜻으로, 자유자재로 출몰하여 그 변화를 헤아릴 수 없다는 말.

身土不二   신토불이

사람의 육체와 그 사람이 태어난 고장의 토양은 둘이 아니고 하나라는 뜻으로, 우리나라 농작물이 우리 체질에 맞는다는 말.

失斧疑隣   실부의린

도끼를 잃어버리자 이웃 사람을 의심한다는 뜻으로, 한 번 의심하는 마음이 생기면 평소에는 아무렇지도 않은 일마저 의심이 생긴다는 말.

實事求是 실사구시

사실에 근거하여 진리나 진상을 탐구한다는 뜻으로, 문헌학적인 고증의 정확을 존중하는 과학적 및 객관적인 학문 태도를 이르는 말.

失言 실언

말을 잃는다는 뜻으로, 하지 않아야 할 말을 얼떨결에 해서 남에게 실례를 범하는 것을 이르는 말.

室邇人遠 실이인원

집은 가까우나 사람은 멀다는 뜻으로, 사모(思慕)하면서 만나지 못해 애태우는 심정을 표현한 말.

心腹之患 심복지환

심장병과 위장병으로 받는 고통이란 뜻으로, 내부의 알력이나 싸움 때문에 생기는 병폐나 걱정거리를 뜻하는 말.

心猿意馬 심원의마

마음은 원숭이 같고 생각은 말과 같다는 뜻으로, 사람이 근심 걱정 때문에 잠시도 가만히 있지 못하는 것을 비유하는 말.

心正則筆正 심정즉필정

마음이 바르면 글씨도 바르다는 뜻으로, 마음속에 담긴 진실한 생각은 밖으로 드러나게 마련이라는 말.

十瞽一杖 십고일장

소경 열 명에 지팡이 하나라는 뜻으로, 여러 사람에게 두루 소용되는 아주 소중한 물건을 이르는 말.

十年減壽 십년감수

목숨이 10년이나 줄었다는 뜻으로, 몹시 놀랐거나 매우 위험한 고비를 겪었을 때를 이르는 말.

十年磨一劍 십년마일검

십 년간 한 칼을 간다는 뜻으로, 여러 해 동안 무술을 연마하거나 목적 달성을 위하여 오랫동안 때를 기다린다는 말.

十盲一杖 십맹일장

열 명의 소경에 하나의 막대기와 같다는 뜻으로, 여러 곳에 긴요하게 쓰이는 물건을 비유하는 말.

十目所視 십목소시

열 눈이 보고 있다는 뜻으로, 혼자 숨어서 하는 일도 세상의 눈을 아주 속일 수는 없다는 말.

十目十手 십목십수

열 눈이 보고 열 사람이 손가락질한다는 뜻으로, 세상 사람들의 비판은 엄하고 공정하다는 말.

十伐之木 십벌지목

열 번 찍어 안 넘어가는 나무가 없다는 뜻으로, 아무리 심지가 굳은 사람이라도 여러 번 말을 하면 결국은 마음을 돌려 따르게 된다는 말.

十匙一飯 십시일반

열 사람이 밥을 한 술씩만 보태어도 한 사람이 먹을 밥이 된다는 뜻으로, 여러 사람이 힘을 합하면 한 사람쯤은 구제하기 쉽다는 말.

十顚九倒 십전구도

열 번 엎어지고 아홉 번 거꾸러진다는 뜻으로, 거듭되는 실패와 고통, 또는 그런 고초를 이르는 말.

十中八九 십중팔구

열 가운데 여덟이나 아홉이 그렇다는 뜻으로, 거의 예외 없이 그러할 것이라는 추측을 나타내는 말.

十指有長短　　十지유장단

열 손가락도 길이가 다르다는 뜻으로, 여러 가지 사물이 각각 개성과 특성을
지니고 있다는 말.

我歌査唱　　아가사창

내가 부를 노래를 사돈이 부른다는 뜻으로, 나에게 책망당할 사람이 도리어
책망한다는 말.

我躬不閱　　아궁불열

내 몸도 돌보지 못하는 형편이라는 뜻으로, 자기 후손이나 친척 또는 다른 일
을 걱정할 여지가 없다는 말.

我刀入他鞘亦難　　아도입타초역난

내 칼도 남의 칼집에 들면 찾기 어렵다는 뜻으로, 자기 물건이라도 남의 수중
에 들어가면 찾기 어렵다는 말.

蛾眉　　아미

누에나방의 눈썹이라는 뜻으로, 누에나방의 촉수처럼 길게 굽어 있는 아름다
운 눈썹으로, 미인의 눈썹을 일컫는 말.

阿鼻叫喚　　아비규환

아비지옥과 규환지옥이라는 뜻으로, 참혹한 고통 가운데서 살려 달라고 울부
짖는 상태를 이르는 말.

我心如秤　　아심여칭

내 마음은 저울과 같다는 뜻으로, 모든 일에 공평무사해서 사사로운 이익이
나 감정을 개입시켜 처리하지 않는다는 말.

兒在負三年搜 아재부삼년수

업은 아기를 삼년 찾는다는 뜻으로, 아주 가까운 곳에 둔 물건을 다른 곳에서 오래도록 찾는다는 말.

我田引水 아전인수

자기 논에 물을 끌어댄다는 뜻으로, 자기에게만 이롭게 되도록 생각하거나 행동을 한다는 말.

惡木不陰 악목불음

질이 나쁜 나무는 그늘도 지지 않는다는 뜻으로, 좋지 못한 사람에게서는 아무 것도 바랄 것이 없다는 말.

惡事走千里 악사주천리

나쁜 일은 그 소문이 단숨에 천리를 간다는 뜻으로, 우리나라의 속담 '발 없는 말이 천리를 간다'와 의미가 비슷한 말.

惡言不出口 악언불출구

남을 해치는 말은 입 밖에 내지 않는다는 뜻으로, 묻는 말에 입을 다물고 말을 하지 않는다는 말.

惡因惡果 악인악과

악한 원인에서 악한 결과가 생긴다는 뜻으로, 나쁜 짓을 하면 반드시 나쁜 결과가 따르게 된다는 말.

惡戰苦鬪 악전고투

힘겹게 괴로운 싸움을 한다는 뜻으로, 불리한 상황에서 우세한 적을 상대로 죽을 힘을 다하여 싸운다는 말.

安居樂業 안거낙업

편안하게 즐기면서 일을 한다는 뜻으로, 현재의 생활에 만족하면서 즐겁게 일을 한다는 말.

眼高手卑　　안고수비

눈은 높고 마음은 크나 재주가 따르지 못한다는 뜻으로, 이상만 높고 실천이 따르지 못하는 것을 이르는 말.

眼空一世　　안공일세

눈에 보이는 게 없다는 뜻으로, 자기만 잘났다고 지나치게 교만을 부려 세상 사람들을 업신여긴다는 말.

安堵　　안도

담장 안에 편안하게 머무른다는 뜻으로, 자기 사는 곳에서 편안히 지냄. 또는 그때까지의 불안이 가시고 마음을 놓는다는 말.

按圖索驥　　안도색기

그림에 그려진 대로 말을 찾는 다는 뜻으로, 원리 원칙만 따지고 변통성이 없는 사람을 일컫는 말.

安不忘危　　안불망위

편안한 때에도 마음을 놓지 않고 늘 스스로 경계 한다는 뜻으로, 편안할 때일지라도 늘 위태로움을 잊지 말라는 말.

雁書　　안서

철따라 이동하는 기러기가 전해다 준 편지라는 뜻으로, 먼 곳에서 전해 온 편지나 소식을 일컫는 말.

安心立命　　안심입명

마음을 편안하게 하고 하늘의 뜻을 다한다는 뜻으로, 믿음으로 마음의 평화를 얻어 하찮은 일에 마음이 흔들리지 않는 경지를 이르는 말.

安如泰山　　안여태산

편안하기가 태산과 같다는 뜻으로, 태산과 같이 마음이 끄떡없고 든든하고 매우 믿음직스럽다는 말.

安危未定 　　안위미정
편안함과 위태함이 아직 구별할 수 없는 상태라는 뜻으로, 안정되지 않은 상태를 이르는 말.

眼中之人 　　안중지인
마음속에 점찍어 두고 있는 사람이라는 뜻으로, 자기가 희망을 걸고 있는 사람을 가리키는 말.

眼中之釘 　　안중지정
눈 속에 박힌 못이라는 뜻으로, 사람이 몹시 싫거나 미워서 항상 눈에 거슬리는 사람을 비유하는 말.

眼下無人 　　안하무인
눈 아래에 사람이 없다는 뜻으로, 사람됨이 방자하고 교만하여 남을 업신여기며 깔본다는 말.

揠苗助長 　　알묘조장
곡식의 싹을 잡아당겨 빨리 자라도록 돕는다는 뜻으로, 자연의 순리를 거스르고 억지로 일을 진행시키는 것을 일컫는 말.

暗箭傷人 　　암전상인
어두운 밤에 활을 쏘아 사람을 다치게 한다는 뜻으로, 남몰래 흉계를 꾸며 남을 해치는 것을 비유하는 말.

暗中摸索 　　암중모색
어둠 속에서 손으로 더듬으며 물건을 찾는다는 뜻으로, 확실한 방법을 모르는 채 이리저리 시도해 본다는 말.

暗中飛躍 　　암중비약
어둠 속에서 날아다닌다는 뜻으로, 몰래 세상에 알려지지 않도록 뒤에서 음모를 꾸민다는 말.

壓卷　　　압권

책을 누른다는 뜻으로, 책이나 예술 작품·공연물 따위에서 가장 뛰어난 부분, 또는 여럿 중에서 가장 뛰어난 것을 이르는 말.

殃及池魚　　　앙급지어

재앙이 연못 물고기에게까지 미친다는 뜻으로, 다른 사람의 잘못으로 억울하게 터무니없는 재앙을 당하는 것을 이르는 말.

仰不愧於天　　　앙불괴어천

하늘을 우러러 부끄럽지 않다는 뜻으로, 무엇에 대하여 조금도 양심에 꺼리는 바 없이 부끄럽지 않다는 말.

仰人鼻息　　　앙인비식

남이 숨 쉬는 것만 바라본다는 뜻으로, 남 덕분에 살아가거나 남의 눈치만 살피면서 주체성이 전혀 없는 사람을 이르는 말.

仰天大笑　　　앙천대소

하늘을 쳐다보고 크게 웃는다는 뜻으로, 어이가 없고 기가 막혀서 큰 소리로 껄껄 웃는다는 말.

愛屋及烏　　　애옥급오

그 사람을 사랑하면 그 집 지붕 위에 앉아 있는 까마귀마저 사랑한다는 뜻으로, 어떤 사람이 예쁘게 보이면 그와 관계가 있는 모든 것까지도 사랑하게 된다는 말.

冶家無食刀　　　야가무식도

대장장이 집에 식칼이 없다는 뜻으로, 남의 일만 해주다가 자기 일에는 소홀해 지는 것을 이르는 말.

弱冠　　　약관

나이 20세에 관을 쓴다는 뜻으로, 남자의 나이 스무 살, 또는 스무 살 전후를 이르는 말.

藥爐經卷送生涯　　약로경권송생애

약탕기를 경전삼아 생애를 보낸다는 뜻으로, 병이 많은 사람은 항상 병치레가 잦아 항상 약을 먹고 지낸다는 말.

藥籠中物　　약롱중물

약장 속에 든 약이라는 뜻으로, 꼭 필요한 사람 또는 가까이 사귀어서 자기편으로 만든 사람을 이르는 말.

藥房甘草　　약방감초

한약에 대부분 들어가는 감초처럼 어떤 일에나 빠짐없이 끼는 사람이나 꼭 필요한 물건을 이르는 말.

藥石之言　　약석지언

약이 되는 말이란 뜻으로, 남의 잘못을 훈계하여 그것을 고치는 데에 도움이 되는 말을 이르는 말.

弱肉强食　　약육강식

약한 자가 강한 자에게 먹힌다는 뜻으로, 강한 자가 약자를 희생시켜서 번영하거나 약한 자가 강한 자에게 끝내는 멸망되는 것을 이르는 말.

良賈深藏若虛　　양고심장약허

유능한 상인은 물건을 깊이 숨겨 두고 가게에 내놓지 않는다는 뜻으로, 어진 이는 학식이나 재능을 숨기고 함부로 드러내지 않는다는 말.

量衾伸足　　양금신족

이불 길이를 헤아려 발을 뻗는다는 뜻으로, 무슨 일이나 그 결과를 헤아리면서 힘이 허락하는 한도 내에서 행하라는 말.

良禽擇木　　양금택목

현명한 새는 나무를 가려 앉는다는 뜻으로, 똑똑한 사람은 훌륭한 사람을 가려서 섬긴다는 말.

羊頭狗肉 양두구육

양의 대가리를 내어놓고 실은 개고기를 판다는 뜻으로, 겉으론 훌륭하게 내세우나 속은 변변찮다는 말.

兩豆塞耳 양두색이

콩알 두 개로 귀를 막으면 아무 것도 안 들린다는 뜻으로, 조그만 것이 큰 지장을 초래할 수 있다는 말.

梁上塗灰 양상도회

들보 위에 회칠을 한다는 뜻으로, 못생긴 여자가 얼굴에 분을 너무 많이 바르는 것을 비꼬아 이르는 말.

養松見亭子 양송견정자

소나무를 심어서 정자나무 되기를 기다린다는 뜻으로, 원대한 계획을 세우고 때를 기다린다는 말.

兩手執餠 양수집병

두 손에 떡을 쥐었다는 뜻으로, 어떤 것을 가지기도 버리기도 어려운 매우 난처한 처지를 이르는 말.

良藥苦口利於病 양약고구이어병

몸에 좋은 약은 입에 쓰다는 뜻으로, 바르게 충고하는 말은 귀에 거슬리지만 자신을 이롭게 한다는 말.

揚言者寡信 양언자과신

큰소리를 잘 치는 사람은 신용이 적다는 뜻으로, 쉽게 대답하는 사람은 진실이 적어 믿기 어렵다는 말.

兩雄不俱立 양웅불구립

두 영웅이 동시에 존립할 수 없으며, 서로 싸워 한쪽이 쓰러지고 만다는 뜻으로, 지도자는 한 사람뿐이라는 말.

羊質虎皮　　양질호피

속은 양이고 거죽은 호랑이라는 뜻으로, 겉은 그럴 듯한데 실속은 없고 겉만 꾸미는 일을 이르는 말.

楊布之狗　　양포지구

양포의 개라는 뜻으로, 겉모양이 달라진 것을 보고 속까지 바뀌었다고 생각하는 사람을 가리키는 말.

養虎遺患　　양호유환

범을 길렀다가 그 범에게서 해를 입는다는 뜻에서, 은혜를 베풀어주고도 도리어 해를 입게 된다는 말.

魚魯不辨　　어로불변

어(魚) 자와 노(魯) 자를 분간하지 못한다는 뜻으로, 아주 무식하고 사리 분별을 못하는 어리석은 사람을 비유하는 말.

魚網鴻離　　어망홍리

물고기를 잡으려고 쳐 놓은 그물에 큰 새가 걸린다는 뜻으로, 구하는 것이 아닌 딴것을 얻을 때 이르는 말.

魚目混珠　　어목혼주

물고기 눈알을 진주로 가장한다는 뜻으로, 가짜를 진짜로 가장하거나 나쁜 것을 좋은 것으로 속이는 행위를 일컫는 말.

魚變成龍　　어변성룡

물고기가 변하여 용이 된다는 뜻으로, 변변치 못하거나 가난했던 사람이 출세를 하였다는 말.

漁父之利　　어부지리

어부의 이득이라는 뜻으로, 쌍방이 다투는 틈을 타서 제삼자가 애쓰지 않고 가로챈 이득을 이르는 말.

語不成說 어불성설

말이 이치에 맞지 않는다는 뜻으로, 말은 말인데 앞뒤가 맞지 않아, 말이라 할 수 없는 경우를 이르는 말.

言飛千里 언비천리

발 없는 말이 천리를 간다는 뜻으로, 사람들의 입에 오르면 퍼지는 속도가 말할 수 없이 빠르니 항상 말조심을 하라는 말.

言語道斷 언어도단

말로는 도저히 표현할 수 없다는 뜻으로, 어이가 없어 말로 나타낼 수 없는 것을 이르는 말.

言中有骨 언중유골

말 가운데 뼈가 들어 있다는 뜻으로, 예사로운 말 같으나 그 속에 단단한 속뜻이 들어 있다는 말.

掩目捕雀 엄목포작

눈을 가리고 참새를 잡으려 한다는 뜻으로, 핵심을 파악하지 못하고 매우 얕은 수로 남을 속이려 한다는 말.

掩耳盜鈴 엄이도령

제 귀를 가리고 방울을 훔친다는 뜻으로, 나쁜 짓을 하면서 그것을 굳이 생각하지 않으려는 것을 이르는 말.

如狗食藥果 여구식약과

개가 약과를 먹기는 하나 그 참맛을 모른다는 뜻으로, 남의 말을 듣기는 하지만 뜻을 못 알아듣는다는 말.

餘桃之罪 여도지죄

먹다 남은 복숭아를 준 죄라는 뜻으로, 총애를 받을 때는 용서되다가 사랑이 식고 난 뒤에는 죄가 되는 경우를 이르는 말.

如履薄氷　　여리박빙

살얼음을 밟고 물을 건너가는 것과 같다는 뜻으로, 아슬아슬하고 불안한 지경을 비유하여 이르는 말.

如反掌　　여반장

손바닥 뒤집듯이 일이 쉽다는 뜻으로, '누워서 떡먹기'나 '식은 죽 먹기'등의 속담과 뜻이 비슷한 말.

如拔痛齒　　여발통치

앓던 이가 빠진 것 같다는 뜻으로, 어떤 장애물이나 괴로운 일이 해결되어 속이 시원하다는 말.

如水投水　　여수투수

물에 물 탄 듯 술에 술 탄 듯하다는 뜻으로, 일을 하는 데 야무지지 못하고 흐리멍덩하게 한다는 말.

如蛾赴火　　여아부화

나방이 불에 뛰어들어 죽는 것과 같다는 뜻으로, 탐욕으로 말미암아 몸을 망치거나 화를 자초한다는 말.

如魚得水　　여어득수

고기가 물을 만났다는 뜻으로, 사람을 제대로 만났거나 환경이 자기에게 알맞은 것을 의미하는 말.

如魚遊釜中　　여어유부중

가마솥 안에 든 고기라는 뜻으로, 삶아지는 것도 모르고 솥 안에서 헤엄치고 있는 물고기, 곧 목숨이 매우 위험하다는 말.

如蓮花出水　　여연화출수

연꽃은 진흙 속에서 피어도 흙이 묻지 않는다는 뜻으로, 세상에 풍파에 물들지 않은 사람을 이르는 말.

汝墙折角 여장절각

네 집에 담이 없었으면 내 소의 뿔이 부러졌겠느냐는 뜻으로, 남에게 책임을 지우려고 억지를 쓰는 말.

旅進旅退 여진여퇴

함께 나아가고 함께 물러선다는 뜻으로, 일정한 주견이나 절개가 없이 남이 하는 대로 덩달아 행동한다는 말.

如厠二心 여측이심

화장실 갈 적 마음 다르고, 나올 적 마음이 다르다는 뜻으로, 긴급할 때는 다급하게 굴다가 그 일이 지나면 마음이 변한다는 말.

與狐謨皮 여호모피

여우 가죽을 얻는 방법을 여우와 의논한다는 뜻으로, 이해가 서로 대립되는 상대방과 일을 의논해야 소용없다는 말.

逆鱗 역린

용의 턱 밑에 거슬러서 난 비늘을 건드리면 반드시 죽음을 당한다는 데서, 군주의 노여움을 이르는 말.

力拔山氣蓋世 역발산기개세

힘은 산을 뽑을 듯하고, 기상은 천하를 뒤덮을 만하다는 뜻으로, 용기와 기상이 월등하게 뛰어난 것을 이르는 말.

易地思之 역지사지

처지를 서로 바꾸어 생각한다는 뜻으로, 상대편의 처지나 입장에서 생각을 해 보는 것을 이르는 말.

連理枝 연리지

한 나무의 가지와 다른 나무의 가지가 서로 붙어서 나뭇결이 하나로 이어진다는 뜻으로, 화목한 부부나 남녀 사이를 이르는 말.

緣木求魚　　연목구어

나무에 올라가서 물고기를 구한다는 뜻으로, 도저히 불가능한 일을 굳이 무모하게 하려한다는 말.

鳶飛魚躍　　연비어약

하늘에 솔개는 날고 물 속의 물고기는 뛴다는 뜻으로, 임금의 덕화가 널리 미쳐 천하가 태평하다는 말.

燕雁代飛　　연안대비

제비가 날아오면 기러기가 떠난다는 뜻으로, 사람이 좀처럼 만나기가 매우 어려운 것을 이르는 말.

吮癰舐痔　　연옹지치

종기의 고름을 빨고 치질 앓는 밑을 핥는다는 뜻으로, 남에게 지나치게 아첨하는 것을 이르는 말.

燕雀不生鳳　　연작불생봉

제비와 참새는 봉황을 낳을 수 없다는 뜻으로, 소인에게서 어진 자식이 나오기 어렵다는 말.

炎凉世態　　염량세태

뜨거워 졌다가 금세 식어버리는 세상인심이라는 뜻으로, 세력이 있을 때는 아첨하며 따르고 권세가 없어지면 푸대접하는 세속 인심을 이르는 말.

炎附寒棄　　염부한기

권세가 있을 때에는 잘 따르다가 권세가 없으면 돌아보지 않는 다는 뜻으로, 인정이 야박한 것을 이르는 말.

鹽車之憾　　염차지감

천리마도 운이 나쁘면 소금 수레를 끈다는 뜻으로, 뛰어난 인재가 때를 못 만나 불우한 처지에 있다는 말.

囹圄生草 영어생초

감옥에서 풀이난다는 뜻으로, 나라가 잘 다스려져 옥에 죄수가 없음을 비유하여 일컫는 말.

影駭響震 영해향진

그림자만 보고 놀라고 소리만 들어도 벌벌 떤다는 뜻으로, 몹시 겁이 많은 경우를 이르는 말.

曳尾塗中 예미도중

꼬리를 진흙 속에서 끌고 다닌다는 뜻으로, 부귀로 부자유해지는 것보다 가난해도 자유롭게 사는 것이 낫다는 말.

梧桐一葉 오동일엽

오동 한 잎의 떨어지는 것을 보고 가을이 온 것을 안다는 뜻으로, 사물이 쇠잔할 징조를 미리 안다는 말.

烏頭白馬生角 오두백마생각

까마귀 머리가 희어지고 말 머리에 뿔이 돋았다는 뜻으로, 곧 있을 수 없는 사물을 이르는 말.

五里霧中 오리무중

오리에 걸친 짙은 안개 속에 있어 방향을 알 수 없다는 뜻으로, 무슨 일에 대해 알 길이 없는 것을 이르는 말.

寤寐不忘 오매불망

자나 깨나 잊지 못한다는 뜻으로, 사랑하는 사람을 그리워하거나 근심이나 걱정 때문에 잠 못 드는 것을 일컫는 말.

吾鼻三尺 오비삼척

내 코가 석 자라는 뜻으로, 내일도 감당하기 어려운데 남의 사정을 돌아볼 여지가 없다는 말.

烏飛梨落　　오비이락

까마귀 날자 배 떨어진다는 뜻으로, 일이 공교롭게 동시에 일어나 남에게 의심을 받게 된다는 말.

烏飛一色　　오비일색

날고 있는 까마귀가 모두 같은 빛깔이라는 뜻으로, 모두 같은 종류 또는 피차 똑같다는 말.

傲霜孤節　　오상고절

서릿발 속에도 굽히지 않고, 외로이 지키는 절개라는 뜻으로, 국화(菊花)를 비유하여 이르는 말.

鼯鼠之技　　오서지기

날다람쥐는 날고 뛰고 헤엄치는 등 다양한 재주를 가지고 있지만 모두 서투르다는 뜻으로, 재주는 많아도 제대로 이룬 것이 없다는 말.

五十步百步　　오십보백보

오십 보 달아난 사람이 백 보 달아난 사람을 비웃는 다는 뜻으로, 정도는 차이가 나도 본질은 같다는 말.

吾厭食與犬惜　오염식여견석

나 먹기는 싫고 개 주자니 아깝다는 뜻으로, 자기에게는 필요하지 않아도 남 주기는 꺼리는 인색함을 이르는 말.

吳牛喘月　　오우천월

오나라의 물소는 달만 보아도 헐떡인다는 뜻으로, 자라보고 놀란 가슴 솥뚜껑보고도 놀란다는 속담과 통하는 말.

吳越同舟　　오월동주

오나라 사람과 월나라 사람이 같은 배를 탔다는 뜻으로, 서로 원수지간임에도 어려운 상황을 헤쳐 나가려고 협력한다는 말.

烏鳥私情 오조사정

까마귀가 길러준 어미에게 은혜를 갚는다는 뜻으로. 자식이 부모에게 효성을 다하려는 마음을 이르는 말.

五風十雨 오풍십우

닷새에 한 번 바람이 불고, 열흘에 한 번 비가 내린다는 뜻으로, 날씨가 순조롭고 세상이 태평하다는 말.

烏合之卒 오합지졸

까마귀가 모인 것처럼 아무렇게나 모인 병졸이라는 뜻으로, 규율도 통일성도 없는 군중을 이르는 말.

玉不磨無光 옥불마무광

옥도 갈지 않으면 빛나지 않는다는 뜻으로, 천성이 탁월해도 학문이나 수양을 쌓지 않으면 훌륭한 인물이 못 된다는 말.

屋上屋 옥상옥

지붕 위에 또 지붕을 걸친다는 뜻으로, 부질없이 덧보태어 남을 모방하거나 쓸데없는 것을 만든다는 말.

玉石同匱 옥석동궤

옥과 돌이 같은 궤속에 있다는 뜻으로, 착한 사람이나 악한 사람이 한곳에 섞여 있음을 이르는 말.

玉石混淆 옥석혼효

옥과 돌이 섞여있다는 뜻으로, 뛰어난 인재와 평범한 사람이 같은 자리에 있어 구별할 수 없는 상황을 이르는 말.

玉碎 옥쇄

옥처럼 아름답게 부서져 흩어진다는 뜻으로, 명예나 충절을 지키어 기꺼이 목숨을 바친다는 말.

屋烏之愛　　옥오지애

그 사람을 사랑해서 그 집 지붕 위에 앉아 있는 까마귀마저 사랑한다는 뜻으로,
어떤 사람이 예쁘게 보이면 그와 관계가 있는 모든 것까지도 사랑하게 된다는 말.

甕算畵餠　　옹산화병

독장수의 셈과 그림의 떡이란 뜻으로, 아무리 마음에 들어도 실지로 이용할
수 없거나 헛배만 부르고 실속이 없다는 말.

蝸牛角上之爭　와우각상지쟁

달팽이의 뿔 위에서 하는 싸움이라는 뜻으로, 세상일이란 달팽이 뿔 위에서
싸우는 것과 같이 사소한 다툼에 불과하다는 말.

臥龍鳳雛　　와룡봉추

누워있는 용과 봉황 새끼라는 뜻으로, 장차 큰 인물이 될 소질의 사람이나 재
능이 매우 탁월한 소년을 이르는 말.

蛙鳴蟬噪　　와명선조

개구리와 매미가 시끄럽게 운다는 뜻으로, 쓸데없이 시끄럽게 떠들어대는
것을 이르는 말.

瓦釜雷鳴　　와부뇌명

질그릇과 솥이 부딪치는 소리를 듣고 천둥치는 소리로 착각 한다는 뜻으로, 무식
한 사람이 잘난 척하거나 어리석은 사람이 높은 자리에 앉아 큰소리를 친다는 말.

臥薪嘗膽　　와신상담

섶에 누워 쓸개를 맛본다는 뜻으로, 원수를 갚거나 어떤 목적을 이루기 위하
여 괴로움을 참고 견딘다는 말.

完璧　　완벽

흠이 없이 완전한 구슬이라는 뜻으로, 모자라거나 조금의 결점이 하나도 없
이 훌륭한 것을 이르는 말.

頑石點頭　　완석점두
완고한 돌도 고개를 끄떡인다는 뜻으로, 생생하고 절실하게 도리를 밝혀 상대방을 설득시키는 것을 이르는 말.

王顧左右而言也　　왕고좌우이언야
왕이 좌우를 돌아보며 다른 이야기를 한다는 뜻으로, 남이 정면으로 제기하는 곤란한 문제에 대해 딴전을 피우며 대답을 회피하거나 말꼬리를 돌리는 것을 이르는 말.

往者不可諫　　왕자불가간
지나간 일은 어쩔 수 없지만, 앞으로 올 일은 좇을 수 있다는 뜻으로, 앞으로 올 일에 대해서는 좀 더 현명하게 대처할 수 있다는 말.

枉尺直尋　　왕척직심
자는 굽더라도 옷의 길이는 바로 한다는 뜻으로, 작은 욕심에 얽매이지 않고 큰일을 이룬다는 말.

矮者看戲　　왜자간희
난쟁이가 키 큰 사람들 틈에 끼어 구경한다는 뜻으로, 자신은 아무것도 모르면서 남이 그렇다고 하니까 덩달아 그렇다고 한다는 말.

畏首畏尾　　외수외미
머리와 꼬리를 두려워서 감춘다는 뜻으로, 남이 알게 되는 것을 꺼리고 두려워하는 것을 이르는 말.

外題學問　　외제학문
책의 제목만 많이 알고 내용에 대해서는 하나도 모른다는 뜻으로, 깊이가 없는 학문을 비웃는 말.

遼東豕　　요동시
요동 지방의 돼지라는 뜻으로, 자기 공적을 자랑하지만 남의 눈에는 하찮아 보이는 것을 이르는 말.

要領不得　　요령부득

사물의 중요한 부분을 잡지 못한다는 뜻으로, 말이나 글의 요령을 잡을 수 없는 것을 이르는 말.

橈木不生危　　요목불생위

큰 나무는 위태로운 곳에서 자라지 않는다는 뜻으로, 현명한 사람은 어지러운 나라에서 벼슬을 하지 않는다는 말.

搖尾乞憐　　요미걸련

개가 꼬리를 흔들며 알랑거린다는 뜻으로, 간사하고 아첨을 잘하는 사람을 비유하여 이르는 말.

樂山樂水　　요산요수

산을 좋아하고 물을 좋아한다는 뜻으로, 슬기로운 사람은 물을 좋아하고 어진 사람은 산을 좋아 한다는 말.

燎原之火　　요원지화

불타는 들판의 불길이라는 뜻으로, 세력이 걷잡을 수 없이 커져서 그 진행을 막을 길이 없을 때를 이르는 말.

欲哭逢打　　욕곡봉타

울려는 아이를 때려 울게 한다는 뜻으로, 불평·불만이 많은 사람을 선동하여 마침내 울분을 터뜨리게 한다는 말.

欲巧反拙　　욕교반졸

기교를 지나치게 부리면 도리어 잘 안 된다는 뜻으로, 너무 잘하려 하면 도리어 잘 되지 않는다는 말.

欲速不達　　욕속부달

급히 서두르면 달성하지 못한다는 뜻으로, 너무 조급하게 서두르면 오히려 일을 그르친다는 말.

龍頭蛇尾　　용두사미

머리는 용이고 꼬리는 뱀이라는 뜻으로, 시작은 거창하고 왕성하나 끝이 부진한 현상을 이르는 말.

龍虎相搏　　용호상박

용과 범이 서로 싸운다는 뜻으로, 힘이 강한 두 사람이 승부를 겨루는 것을 이르는 말.

愚公移山　　우공이산

어리석은 사람이 산을 옮긴다는 뜻으로, 어떤 일이든지 끈기 있게 노력하면 결국 성공할 수 있다는 말.

牛刀割鷄　　우도할계

소를 잡는 큰 칼로 닭을 잡는다는 뜻으로, 작은 일에 어울리지 않게 큰 도구를 쓰거나 지나치게 과장된 표현이나 몸짓 따위를 이르는 말.

牛溲馬勃　　우수마발

쇠오줌과 말똥이라는 뜻으로, 가치 없는 말이나 글 또는 품질이 나빠 가치 없는 약재 따위를 이르는 말.

迂餘曲折　　우여곡절

이리 굽고 저리 굽은 복잡한 사정이란 뜻으로, 사정이 뒤얽혀 몇 번이고 변화함. 또는 뒤얽힌 복잡한 사정을 이르는 말.

羽化登仙　　우화등선

사람의 몸에 날개가 돋쳐 하늘로 올라가 신선이 된다는 뜻으로, 어떤 일의 기분이 절정에 다다름을 이르는 말.

雨後竹筍　　우후죽순

비가 온 뒤에 많이 솟은 죽순이란 뜻으로, 어떤 일이 한꺼번에 많이 일어나는 것을 비유하는 말.

雲心月性　　　운심월성

구름 같은 마음과 달 같은 성품이라는 뜻으로, 맑고 깨끗하며 욕심이 없이 담박한 것을 이르는 말.

雲煙過眼　　　운연과안

구름이나 안개가 눈앞을 지나간다는 뜻으로, 한때의 즐거운 일이나 어떤 사물에 마음을 깊이 두지 않는다는 말.

雲蒸龍變　　　운증용변

물이 증발해서 구름이 되고 뱀이 변해서 용이 된다는 뜻으로, 영웅호걸이 때를 만나 크게 활약한다는 말.

遠水不救近火　원수불구근화

먼 곳의 물이 가까운 곳의 불을 꺼주지 못한다는 뜻으로, 멀리 떨어져 있는 것은 위급할 때 아무 도움이 안 된다는 말.

怨入骨髓　　　원입골수

원한이 깊어 골수에 사무친다는 뜻으로, 함께 하늘 아래서 같이 살 수 없고 결코 잊을 수 없는 깊은 원한을 이르는 말.

怨入於骨髓　　원입어골수

원한이 깊어 골수에 사무친다는 뜻으로, 함께 하늘 아래서 같이 살 수 없고 결코 잊을 수 없는 깊은 원한을 이르는 말.

遠族近隣　　　원족근린

먼 곳에 사는 친척과 가까운 곳에 사는 이웃이라는 뜻으로, 먼 곳에 사는 친척이 가까운 곳에 사는 이웃만 못하다는 말.

月明星稀　　　월명성희

달이 밝게 빛나면 별이 희미해진다는 뜻으로, 위대한 영웅이 나타나면 수많은 작은 영웅의 존재가 희미해진다는 말.

越鳥巢南枝 월조소남지

월나라의 새는 남쪽으로 뻗은 가지에 둥지를 짓는다는 뜻으로, 고향은 잊을 수가 없다는 말.

危急存亡之秋 위급존망지추

죽느냐 사느냐 하는 위급한 시기라는 뜻으로, 국가의 존망이 매우 위태로운 때나 중요한 시기를 이르는 말.

危邦不入 위방불입

위태로운 나라에는 들어가지 않는다는 뜻으로, 위험한 단체나 모임 또는 지역에는 들어가지 않는다는 말.

爲法自弊 위법자폐

자기가 정한 법을 스스로 범하여 벌을 받는다는 뜻으로, 자기가 한 일로 자기가 고난을 받는 다는 말.

位卑言高 위비언고

지위는 낮고 목소리는 크다는 뜻으로, 낮은 벼슬아치가 분수에 넘치게 행동을 하는 것을 이르는 말.

蝟愛子蝟毛美 위애자위모미

고슴도치도 제 새끼의 털이 아름답다고 한다는 뜻으로, 자기의 결점도 모르면서 오히려 자기를 자랑한다는 말.

爲楚非爲趙 위초비위조

겉으로는 그것을 위하는 척하지만 실제로는 다른 것을 위한다는 뜻으로, 속과 겉이 다르다는 말.

韋編三絶 위편삼절

공자가 주역을 즐겨 읽어서 책의 가죽 끈이 세 번이나 끊어졌다는 고사에서, 독서에 힘을 쓰는 것을 이르는 말.

宥過無大　유과무대

잘못을 용서하는 데 지나친 것이 없다는 뜻으로, 아무리 큰 잘못이라도 이를 용서를 한다는 말.

有口無言　유구무언

입은 있으나 할 말이 없다는 뜻으로, 잘못이 분명하여 변명하거나 해명할 말이 없다는 말.

有口不言　유구불언

입은 있으되 말을 아니 한다는 뜻으로, 할 말은 있지만 거북해서 그 말을 하지 않는다는 말.

柔能制剛　유능제강

부드러운 것이 능히 강한 것을 제어한다는 뜻으로, 힘으로 억압하는 것보다 덕으로 감싸 마음으로 복종하게 한다는 말.

有路莫乘船　유로막승선

육로가 있을 때에는 배를 타지 말라는 뜻으로, 가능한 한 안전하고 편안한 길을 택하라는 말.

有朋自遠訪來　유붕자원방래

벗이 있어 멀리서 찾아온다는 뜻으로, 자신이 올바른 뜻을 가지고 있으면 어디서든 그 뜻에 동조하는 사람이 있어 함께하고자 찾아온다는 말.

有備無患　유비무환

준비가 있으면 근심할 것이 없다는 뜻으로, 필요한 것을 갖추고 있으면 근심이나 걱정할 것이 없다는 말.

有始無終　유시무종

처음은 있되 끝이 없다는 뜻으로, 지조를 끝까지 지키지 못하거나 시작만 하고 결말을 맺지 못하는 것을 이르는 말.

維新 유신

새롭다는 뜻으로, 혁명이나 폭동과 같은 물리적인 힘에 의한 변화가 아니라 자체 내에서 점진적인 개혁을 이르는 말.

唯我獨尊 유아독존

이 세상에 내가 제일 높다는 뜻으로, 세상에서 자기만이 잘났다고 생각하는 태도를 일컫는 말.

有若無實若虛 유약무실약허

있어도 없는 듯하고 가득 차도 텅 빈 것 같다는 뜻으로, 성인의 경지에 든 사람이 보여 주는 풍모를 이르는 말.

類類相從 유유상종

같은 동아리끼리 서로 내왕하며 사귄다는 뜻으로, 같은 성격이나 성품을 가진 무리끼리 모이고 사귀는 모습을 이르는 말.

悠悠行路心 유유행로심

유유히 길을 지나는 사람의 마음이라는 뜻으로, 길에서 만난 사람이라서 나와는 아무 상관이 없다는 말.

有錢可使鬼 유전가사귀

돈이면 귀신도 부릴 수 있다는 뜻으로, 돈의 힘은 일의 결과를 좌우하고 사람의 처지를 변화 시킨다는 말.

有志者事竟成 유지자사경성

뜻이 있어 마침내 이룬다는 뜻으로, 무엇인가를 이루어내겠다는 목표를 두고 꾸준히 노력하여 마침내 그 뜻대로 이루어낸다는 말.

有治人無治人 유치인무치인

다스리는 사람은 있지만 다스리는 법은 없다는 뜻으로, 옳게 다스리는 것은 결국 사람에게 달렸다는 말.

猶抱薪而救火 유포신이구화
섶을 안고 불을 끈다는 뜻으로, 폐해를 없앤다고 한 짓이 오히려 폐해를 더욱 조장한다는 말.

陸地行船 육지행선
육지에 배를 저으려 한다는 뜻으로, 전혀 불가능한 일을 억지로 하려고 한다는 말.

殷鑑不遠 은감불원
은나라 왕이 거울삼은 것은 먼 데 있지 않다는 뜻으로, 본받을 만한 본보기는 가까운 데서 찾으라는 말.

恩甚則怨生 은심즉원생
은혜를 너무 많이 베풀면 오히려 원망을 산다는 뜻으로, 모든 사물이 정도를 지나치면 도리어 안하는 것만 못하다는 말.

隱忍自重 은인자중
자신을 드러내지 않고 참으며 신중하게 행동한다는 뜻으로, 마음속으로 참고 견디며 몸가짐을 조심한다는 말.

陰德陽報 음덕양보
남이 모르게 덕행을 쌓은 사람은 비록 사람들이 몰라준다 하더라도 하늘이 알아주어 후일 남들이 알게 복을 받는다는 말.

陰地轉陽之變 음지전양지변
음지가 변하여 양지가 된다는 뜻으로, 세상일은 돌고 돌아 역경에 있던 사람도 때가 되면 행운을 만날 수 있다는 말.

飲河滿腹 음하만복
많은 물이 있어도 마시는 분량은 배를 채울 정도에 지나지 아니 한다는 뜻으로, 자기 분수에 넘지 않게 조심하라는 말.

飮灰洗胃 　　음회세위

재를 마시고 위장 속의 오물을 씻어버린다는 뜻으로, 악한 마음을 고쳐 선으로 돌아온다는 말.

泣斬馬謖 　　읍참마속

제갈량이 군령을 어긴 마속을, 눈물을 흘리면서 목을 베었다는 고사에서, 군율을 세우기 위하여서는 사랑하고 아끼는 사람도 버린다는 말.

應聲蟲 　　응성충

사람의 목구멍 속에 있어서 말하는 벌레라는 뜻으로, 아무런 소견도 없이 남의 말에 맞장구만 치는 추종자나 줏대 없는 사람을 이르는 말.

應接不暇 　　응접불가

일일이 응대하고 맞이할 겨를이 없다는 뜻으로, 좋은 일과 궂은 일이 계속 일어나 생각할 여유가 없다는 말.

疑隣人之言 　　의린인지언

이웃사람의 말을 의심한다는 뜻으로, 한 번 의심하는 마음이 생기면 평소에는 아무렇지도 않은 일마저 의심이 생긴다는 말.

倚馬之才 　　의마지재

말에 잠깐 기대는 동안에 긴 문장을 짓는 글재주라는 뜻으로, 글을 빨리 잘 짓는 재주를 이르는 말.

衣食足而知禮節 　　의식족이지예절

먹고 입는 것이 넉넉해야 예의나 체면을 알게 된다는 뜻으로, 사람은 생활이 풍족해야 비로소 예의와 체면을 차릴 수 있다는 말.

疑心生暗鬼 　　의심생암귀

의심이 어둠을 지배하는 귀신을 만들어 낸다는 뜻으로, 의심을 하면 엉뚱한 생각이 들어 불안해진다는 말.

意中人 의중인

마음속에 새겨져 잊을 수 없는 사람이란 뜻으로, 마음속으로 아끼는 사람이나 지목한 사람을 이르는 말.

異曲同工 이곡동공

연주하는 곡은 다르나 연주 솜씨의 교묘함은 거의 같다는 뜻으로, 방법은 다르나 결과는 같다는 말.

易其言無責 이기언무책

말을 쉽게 하는 자는 책임감이 없다는 뜻으로, 가볍게 승낙하는 사람은 진실이 적어 믿기 어렵다는 말.

二桃殺三士 이도살삼사

복숭아 둘로 무사 셋을 죽인다는 뜻으로, 악랄한 계략으로 상대방을 자멸하게 만든다는 말.

以卵投石 이란투석

달걀로 돌을 친다는 뜻으로, 턱없이 약한 것으로, 엄청나게 강한 것을 당해 내려는 어리석음을 비유하는 말.

利令智昏 이령지혼

이익은 지혜를 어둡게 만든다는 뜻으로, 이익에 눈이 가리면 사리분별을 제대로 하지 못하게 된다는 말.

以隣爲壑 이린위학

재앙을 남에게 전가한다는 뜻으로, 다른 사람의 사정은 전혀 돌보지 않고 자신의 이익만 챙기는 태도를 이르는 말.

移木之信 이목지신

나무를 옮기는 데 대한 약속이란 뜻으로, 백성의 신임을 얻기 위해 애쓰는 위정자의 태도를 비유하는 말.

以民爲天　이민위천

백성을 하늘같이 여긴다는 뜻으로, 백성을 소중하게 여기며 치국의 근본으로 삼는 것을 이르는 말.

已發之矢　이발지시

이미 시위를 떠난 화살이란 뜻으로, 이미 시작한 일이라 그만두기가 어려운 형편을 이르는 말.

二寺狗　이사구

두 절에 속한 개라는 뜻으로, 미덥지 못한 두 가지 일에 뜻을 두거나 관계하다가 어느 한 가지도 이루지 못한다는 말.

耳視目聽　이시목청

귀로 보고 눈으로 듣는다는 뜻으로, 자연의 이치를 깨달아 눈치가 빠르고 총명한 사람을 이르는 말.

以心傳心　이심전심

마음에서 마음으로 전달된다는 뜻으로, 말을 하지 않더라도 서로 마음이 통하여 아는 것을 일컫는 말.

以熱治熱　이열치열

열은 열로써 다스린다는 뜻으로, 힘에는 힘으로, 또는 강한 것에는 강한 것으로 상대를 한다는 말.

以夷制夷　이이제이

오랑캐로써 오랑캐를 누르게 한다는 뜻으로, 다른 나라를 이용하여 또 다른 나라를 제압한다는 말.

泥田鬪狗　이전투구

진흙탕에서 싸우는 개라는 뜻으로, 명분이 서지 않는 일로 몰골사납게 싸우는 것을 이르는 말.

理判事判 이판사판

불교 승려의 두 부류인 이판승과 사판승을 합쳐서 부르는 말로, 막다른 데에
이르러 더는 어찌할 수 없게 된 판을 이르는 말.

以暴易暴 이포역포

포악한 사람으로서 포악한 사람을 바꾼다는 뜻으로, 나쁜 사람을 바꾼다면서
뒤의 사람도 똑같이 나쁜 사람을 들여세운다는 말.

李下不整冠 이하부정관

자두나무 아래에서는 갓을 고쳐 쓰지 말라는 뜻으로, 남에게 의심받을 만한
일은 하지 말라는 말.

以蝦釣鯉 이하조리

새우로 잉어를 잡는다는 뜻으로, 적은 투자나 사소한 노력으로 큰 이익을 얻
은 것을 이르는 말.

耳懸鈴鼻懸鈴 이현령비현령

귀에 걸면 귀걸이 코에 걸면 코걸이라는 뜻으로, 어떤 사실이 이렇게도 저렇
게도 해석될 수 있다는 말.

弋不射宿 익불사숙

화살로 새를 잡지만 자는 새는 쏘지 않는다는 뜻으로, 지나치게 잔인한 짓은
하지 않는다는 말.

益者三友 익자삼우

사귀어 유익한 세 가지 유형의 벗이라는 뜻으로, 곧, 정직한 벗, 신의가 있는
벗, 지식이 많은 벗을 이르는 말.

姻家宴柿梨擅 인가연시리천

사돈집 잔치에 감 놓아라 배놓아라 한다는 뜻으로, 주책없이 남의 일에 나서
는 사람을 이르는 말.

人各有一能 인각유일능

사람마다 제각기 한 가지씩의 재능은 있다는 뜻으로, 어리석은 사람도 많은
생각 가운데는 한 가지쯤 좋은 생각을 할 수 있다는 말.

人間到處有靑山 인간도처유청산

세상 어디를 가나 죽어서 뼈를 묻을 장소는 있다는 뜻으로, 큰 뜻을 이루기 위
해 타향에 나가 마음껏 활동하는 것이 좋다는 말.

人間行路難 인간행로난

세상의 세상살이가 힘들고 어렵다는 뜻으로, 세상살이가 몹시 힘들고 어려움
을 겪으며 고생을 한다는 말.

人口膾炙 인구회자

사람의 입에 맞는 생선회와 구운 고기라는 뜻으로, 널리 세상 사람들의 입에
오르내려 이야깃거리가 된다는 말.

人面獸心 인면수심

얼굴은 사람 꼴을 하고 있으나 마음은 짐승과 같다는 뜻으로, 마음과 행동이
몹시 흉악한 사람을 이르는 말.

人非人 인비인

사람이면서 사람이 아니라는 뜻으로, 사람의 도리를 지키지 못하고 배은망덕
하거나 행동이 흉악한 사람을 이르는 말.

人死留名 인사유명

사람은 죽어서 이름을 남긴다는 뜻으로, 사람의 삶이 헛되지 아니하면 그 이
름이 길이 남는다는 말.

人生感意氣 인생감의기

사람은 자신을 알아주는 상대방의 마음에 감동한다는 뜻으로, 사람은 결코
돈이나 명예 등의 사욕 때문에 움직이는 것이 아니라는 말.

人生如朝露 인생여조로

사람살이는 아침 이슬과 같다는 뜻으로, 아침에 잠깐 맺혔다가 볕이 들면 사라지는 이슬처럼 인생은 덧없이 왔다가 간다는 말.

因咽廢食 인열폐식

먹은 음식이 잘 넘어가지 않는다고 식사를 전혀 하지 않는다는 뜻으로, 사소한 장애 때문에 큰일에 손대지 않고 그만둔다는 말.

引而不發 인이불발

화살을 메겨 시위를 당기나 활을 쏘지 않는다는 뜻으로, 남을 가르칠 때 이치를 스스로 깨우치도록 지도한다는 말.

因人成事 인인성사

남의 힘으로 일을 이룬다는 뜻으로, 자기 힘으로는 이루지 못하고 다른 사람의 힘으로 일을 이룬다는 말.

人衆勝天 인중승천

사람이 많으면 하늘도 이길 수 있다는 뜻으로, 많은 사람의 듯이 합쳐지면 못할 일이 없다는 말.

一刻如三秋 일각여삼추

일각이 3년 같이 길게 느껴진다는 뜻으로, 기다리는 마음이 매우 간절하고 애를 태우며 기다린다는 말.

一個魚渾全川 일개어혼전천

한 마리의 물고기가 냇물 전체를 흐려 놓는다는 뜻으로, 일부의 결함이 전체의 미치는 영향을 이르는 말.

一擧手一投足 일거수일투족

손을 한 번 들고 발을 한 번 든다는 뜻으로, 아주 조그만 일에 이르기까지의 수고나 동작을 일컫는 말.

一鼓作氣　　일고작기

한 번 북을 두드려 사기를 진작시킨다는 뜻으로, 어떤 일을 할 때 처음 기세를 올려 단숨에 처리한다는 말.

日久月深　　일구월심

날이 오래고 달이 깊어 간다는 뜻으로, 세월이 흐를수록 바라는 마음이 더욱 간절해진다는 말.

一丘之貉　　일구지학

한 언덕에 사는 오소리라는 뜻으로, 구별하기 어려운 같은 부류 또는 한 통속의 나쁜 무리를 이르는 말.

一騎當千　　일기당천

한 사람의 기병이 천 사람의 적을 대항해 낸다는 뜻으로, 싸우는 능력이 매우 뛰어나다는 말.

一簞食一瓢飮　　일단사일표음

한 개의 도시락과 한 바가지의 물이라는 뜻으로, 간소한 음식. 곧, 굶지 않을 정도의 소박한 생활을 이르는 말.

一刀兩斷　　일도양단

한 칼로 쳐서 두 동강이를 낸다는 뜻으로, 어떤 일을 머뭇거리지를 아니하고 선뜻 결정한다는 말.

一龍一豬　　일룡일저

하나는 용이 되고 하나는 돼지가 된다는 뜻으로, 배우고 안 배움에 따라 사람의 능력이 크게 달라진다는 말.

一粒萬倍　　일립만배

한 알의 곡식도 심어서 가꾸면 만 알이 된다는 뜻으로, 작은 것도 쌓이면 굉장히 불어난다는 말.

一網打盡　일망타진

한 번 그물을 쳐서 모조리 잡는다는 뜻으로, 어떤 무리를 한꺼번에 모조리 잡아들인다는 말.

一鳴驚人　일명경인

한번 울면 사람들을 놀라게 한다는 뜻으로, 일을 한번 시작하면 사람들이 놀랠 정도로 큰일을 해낸다는 말.

日暮途遠　일모도원

날은 저물고 갈 길은 멀다는 뜻으로, 늙고 쇠약한데 앞으로 해야 할 일은 많은 것을 이르는 말.

一木難支　일목난지

한 그루 나무로는 지탱하기 어렵다는 뜻으로, 이미 기울어지는 대세를 혼자서는 더 이상 감당할 수 없다는 말.

一飯之報　일반지보

한 번 밥을 얻어먹은 은혜에 대한 보답이라는 뜻으로, 아주 작은 은혜도 잊지 않고 반드시 보답한다는 말.

一嚬一笑　일빈일소

얼굴을 찡그리기도 하고 웃기도 한다는 뜻으로, 사람의 감정이나 표정이 때때로 변하는 것을 이르는 말.

一絲不亂　일사불란

한 가닥의 실도 흐트러지지 않았다는 뜻으로, 질서가 정연하여 조금도 흐트러진 데나 어지러운 데가 없다는 말.

一瀉千里　일사천리

강물이 거침없이 흘러 천 리에 다다른다는 뜻으로, 어떤 일이 거침없이 기세 좋게 진행된다는 말.

一石二鳥　　　일석이조

돌 한 개를 던져 새 두 마리를 잡는다는 뜻으로, 한 가지 일로 동시에 두 가지 이득을 본다는 말.

一樹百穫　　　일수백확

나무 한 그루를 기르면 백 가지 수확이 있다는 뜻으로, 인재 한 사람을 길러 내면 사회에 큰 이득이 있다는 말.

一視同仁　　　일시동인

모든 사람을 하나로 평등하게 보아 똑같이 사랑한다는 뜻으로, 누구나 차별 없이 똑같이 사랑한다는 말.

一心同體　　　일심동체

한마음 한 몸이라는 뜻으로, 여러 사람이 한 사람처럼 뜻을 합하여 일치단결 뜻을 이룬다는 말.

一魚濁水　　　일어탁수

물고기 한 마리가 큰물을 흐리게 한다는 뜻으로, 한 사람의 잘못으로 여러 사람이 그 해를 입게 된다는 말.

一魚混全川　　　일어혼전천

물고기 한 마리가 온 개천을 흐린다는 뜻으로, 못된 한 사람이 온 집안이나 사회를 망쳐 놓는다는 말.

一言以蔽之　　　일언이폐지

한마디 말로 능히 그 뜻을 다한다는 뜻으로, 구구한 말을 다 줄이고, 한마디 말로써 핵심을 찌른다는 말.

一葉落天下知秋　　　일엽낙천하지추

나뭇잎 하나가 떨어지는 것을 보고 가을이 오는 것을 안다는 뜻으로, 조그마한 일을 보고 장차 있을 일을 미리 직감한다는 말.

一以貫之　　　일이관지

하나로 꿰뚫고 있다는 뜻으로, 어떤 일이나 생각이 통일된 기준에 따라 완벽하게 정리되어 정연한 것을 이르는 말.

一將功成萬骨枯　　　일장공성만골고

한 장수의 성공을 위해 사람 만 명의 뼈가 마른다는 뜻으로, 위대한 성공의 이면에는 그를 위해 희생한 무수히 많은 사람이 있다는 말.

一觸卽發　　　일촉즉발

건드리는 즉시 터진다는 뜻으로, 조금만 닿아도 곧 폭발할 것 같은 몹시 위험한 상태를 이르는 말.

一波萬波　　　일파만파

하나의 물결이 수많은 물결이 된다는 뜻으로, 하나의 사건이 여러 가지로 자꾸 확대되어 간다는 말.

一敗塗地　　　일패도지

한번 패배하여 뇌와 간이 땅에 깔린다는 뜻으로, 여지없이 패하여 다시는 일어날 수 없게 되었다는 말.

一片丹心　　　일편단심

한 조각의 붉은 마음 이라는 뜻으로, 한결같은 참된 정성과 변치 않는 참된 마음을 이르는 말.

臨渴掘井　　　임갈굴정

목이 마를 때야 우물을 판다는 뜻으로, 사전에 준비 없이 있다가 일을 당하고 나서야 황급히 서두르는 것을 이르는 말.

臨機應變　　　임기응변

그때그때 처한 형편에 맞추어 일을 알맞게 처리한다는 뜻으로, 일의 기미를 보고 추세의 변화에 따라 적절하게 대처하는 것을 이르는 말.

林中不賣薪　　임중불매신

숲 속에서는 장작을 팔지 않는다는 뜻으로, 아무리 좋은 물건도 필요하지 않으면 찾지 않는다는 말.

臨陣易將　　임진역장

싸움터에서 장수를 바꾼다는 뜻으로, 실제로 일할 때가 되어 익숙한 사람을 버리고 서투른 사람으로 바꿔 쓴다는 말.

任賢勿貳　　임현물이

적임자에게 일을 맡겼으면 무슨 소리를 듣든 끝까지 맡겨야 한다는 뜻으로, 일단 임무를 주었으면 그를 신임해서 일을 할 수 있도록 맡겨야 한다는 말.

入幕之賓　　입막지빈

군막(軍幕) 안으로 들일 수 있는 손님이라는 뜻으로, 비밀을 상의할 수 있는 사람을 이르는 말.

入鳥不亂行　　입조불란행

새들이 있는 곳에 들어가도 새들이 놀라 흩어지지 않는다는 뜻으로, 누구하고나 사이좋게 지낸다는 말.

立錐之地　　입추지지

송곳 하나를 꽂을 만한 땅이라는 뜻으로, 매우 좁은 땅이나 지역. 또는 조금도 여유가 없음을 이르는 말.

入鄕循俗　　입향순속

다른 지방에 가서는 그 지방의 풍속을 따른다는 뜻으로, 세상사에 대처하는 방식은 순리를 좇는 것이 가장 좋다는 말.

入火拾栗　　입화습률

불 속에 들어가 밤을 줍는다는 뜻으로, 사소한 이익을 얻기 위하여 큰 모험을 하는 어리석음을 이르는 말.

自家撞着 　자가당착

자기 스스로 한 말과 행동이 앞뒤가 맞지 않아 충돌하여 일치하지 않고 모순되는 것을 이르는 말.

自家藥籠中物 　자가약롱중물

자기 집 약통 안에 있는 물건이라는 뜻으로, 항상 필요할 때마다 도움을 주는 사람을 이르는 말.

自强不息 　자강불식

스스로 힘쓰며 쉬지 아니한다는 뜻으로, 부지런히 몸과 마음을 가다듬고 수양하는 데 쉬지 않고 힘쓴다는 말.

藉光 　자광

남들 덕분에 편리를 보거나 명예나 이익을 얻게 되었을 때 일컫는 말로, '남의 돌팔매에 밤 줍는다'는 속담과 뜻이 비슷한 말.

自斧斫足 　자부작족

자기 도끼에 제 발등 찍힌다는 뜻으로, 잘 알고 있다고 조심하지 않으면 큰 해를 입을 수 있다는 말.

自勝家强 　자승가강

자신을 이기는 것을 강이라 한다는 뜻으로, 자기 자신을 이기는 사람이 진정으로 강한 사람이라는 말.

自繩自縛 　자승자박

자기가 꼰 새끼로 스스로 묶는다는 뜻으로, 자기가 한 말이나 행동 때문에 자기 자신이 구속되어 괴로움을 당하게 된다는 말.

自業自得 자업자득

자기가 저지른 일의 과보를 자기 자신이 받는다는 뜻으로, 일의 결과에 대해서는 누구도 아닌 스스로가 겨야 한다는 말.

自暴自棄 자포자기

스스로에게 난폭하고 스스로를 버린다는 뜻으로, 아무런 기대도 걸지 않고 자신이나 일을 되는대로 방치하는 태도를 이르는 말.

自行自止 자행자지

하고 싶으면 하고, 하기 싫으면 하지 않는다는 뜻으로, 제 마음대로 하고 싶으면 하고, 하기 싫으면 안 한다는 말.

自畵自讚 자화자찬

자기가 그린 그림을 스스로 칭찬한다는 뜻으로, 자기가 한 일을 자기 스스로 자랑한다는 말.

作法自斃 작법자폐

제가 만든 법에 제가 걸려 죽는다는 뜻으로, 자기가 한 일로 인하여 자신이 고난을 받는 경우를 이르는 말.

昨非今是 작비금시

어제는 그르다고 생각한 것이 오늘은 옳다는 뜻으로, 경우나 환경이 바뀌는 것을 이르는 말.

作舍道傍 작사도방

길가에 집을 짓자니 오가는 사람의 말이 많다는 뜻에서, 의견이 분분해서 결정을 짓지 못하는 것을 이르는 말.

酌水成禮 작수성례

물을 떠 놓고 혼례를 치른다는 뜻으로, 가난한 집안에서 구차하게 하는 혼례를 치른다는 말.

ㅈ

雀學鸛步 작학관보

참새가 황새걸음을 배운다는 뜻으로, 자기 능력에 맞지 않게 억지로 남을 모방해서 일을 한다는 말.

棧豆之戀 잔두지련

말이 얼마 되지 않는 콩을 못 잊어 마구간을 떠나지 못한다는 뜻으로, 사소한 이익에 집착하는 것을 이르는 말.

殘杯冷炙 잔배냉적

마시다 남은 술과 식은 산적 이라는 뜻으로, 손님에게 변변하지 못한 주안상으로 푸대접을 한다는 말.

潛龍 잠룡

하늘에 오를 때를 기다리며 물속에 잠겨 있는 용이란 뜻으로, 얼마 동안 왕위에 오르지 않고 이를 피하고 있는 사람. 또는 기회를 얻지 못한 영웅을 일컫는 말.

將計就計 장계취계

계략으로써 계략을 취한다는 뜻으로, 상대편의 계략을 미리 알고 이를 역이용하는 계교를 이르는 말.

張公喫酒李公醉 장공끽주이공취

술은 장공이 마시고 취하기는 이공이라는 뜻으로, 전혀 관계없는 사람이 억울하게 의심받음을 이르는 말.

張冠李戴 장관이대

장씨의 관을 이씨가 썼다는 뜻으로, 이름과 실상이 일치하지 않고 명성과 실제가 다르다는 말.

長廣舌 장광설

길고 넓은 혀라는 뜻으로, 길고 줄기차게 잘하는 말솜씨나 쓸데없이 장황하게 늘어놓는 말.

將軍出龍馬出 장군출용마출

장군이 나면 용마도 난다는 뜻으로, 큰 사람이 있으면 그를 보좌할 사람도 당연히 생기게 된다는 말.

腸肚相連 장두상련

창자와 밥통이 잇닿아 있다는 뜻으로, 어떤 사람들끼리 서로 뜻이 맞거나 협력하여 일을 해 나간다는 말.

藏頭隱尾 장두은미

머리를 감추고 꼬리를 숨긴다는 뜻으로, 사실을 분명히 밝히지 않거나 일의 전말을 똑똑히 밝히지 않는다는 말.

裝聾作啞 장롱작아

귀머거리인척, 벙어리인척 한다는 뜻으로, 일부러 듣지도 보지도 못하는 것 같이 행동을 한다는 말.

長立待令 장립대령

오래 서서 분부를 기다린다는 뜻으로, 권문세가에 늘 드나들며 이권을 얻고자 하는 사람을 조롱하는 말.

長鋏歸來食無魚 장무귀래식무어

긴 칼을 차고 돌아와 보니 밥상에는 고기가 없다는 뜻으로, 유능한 인재가 의외의 박대를 받고 있다는 말.

丈夫一言重千金 장부일언중천금

장부의 말 한마디는 천금같이 무겁고 가치가 있다는 뜻으로, 한 번 한 말은 꼭 지켜야 한다는 말.

張三李四 장삼이사

장씨의 셋째아들과 이씨의 넷째아들이라는 뜻으로, 이름이나 신분이 특별하지 않은 평범한 보통 사람을 이르는 말.

長袖善舞　　장수선무
소매가 길면 춤추기가 수월하다는 뜻으로, 자본이나 밑천이 든든하면 장사하기가 한결 수월해진다는 말.

牆有耳伏寇在側　　장유이복구재측
담벼락에도 귀가 있고, 숨은 도적은 바로 옆에 있다는 뜻으로, 말과 행동은 항상 조심하라는 말.

場中得失　　장중득실
시험장에서는 잘하는 사람도 낙방하는 수가 있고 못하는 사람도 급제할 때가 있다는 뜻으로, 일이 생각한 바와 같이 이루어지지 않는 것을 이르는 말.

掌中寶玉　　장중보옥
손 안에 든 보배로운 옥이라는 뜻으로, 곧, 매우 사랑하는 자식이나 아끼는 물건을 보배롭게 일컫는 말.

材大難用　　재대난용
재목이 너무 커서 쓰기 어렵다는 뜻으로, 재주 있는 이가 불우한 처지에 있는 것을 이르는 말.

在德不在險　　재덕부재험
나라의 안전은 임금의 덕에 있지, 지형의 험준함에 있지 않다는 뜻으로, 나라를 다스리는 데는 덕을 베풀어 어진 정사를 하여야 한다는 말.

齎盜糧　　재도량
도둑에게 양식을 가져다준다는 뜻으로, 해를 스스로 불러들인다는 말로 커다란 위험이나 참혹한 일이 닥친다는 말.

在室則忘坐　　재실즉망좌
방 안에 있을 때는 편안히 앉아 있다는 사실을 모른다는 뜻으로, 사람이 편안할 때는 그 편안한 것을 잘 모른다는 말.

爭魚者濡　　쟁어자유

물고기를 두고 다투는 어부는 옷을 물에 적신다는 뜻으로, 이익을 얻으려고 다투는 사람은 고생을 하게 마련이라는 말.

杵臼之交　　저구지교

절굿공이와 절구통 사이의 사귐이라는 뜻으로, 신분의 귀천을 가리지 않고 사귀는 교제를 이르는 말.

樗櫟之材　　저력지재

가죽나무와 상수리나무의 재목이란 뜻으로, 아무 쓸모가 없는 나무라는 의미에서 무능한 사람이나 쓸모없는 물건을 이르는 말.

積功之塔不隳　　적공지탑불휴

공을 많이 들인 일은 쉽게 무너지지 않는다는 뜻으로, 어떤 일에나 정성을 다하면 아주 어려운 일도 풀리고 이루어진다는 말.

賊反荷杖　　적반하장

도둑이 도리어 몽둥이를 든다는 뜻으로, 잘못한 사람이 도리어 잘한 사람을 나무라는 경우를 이르는 말.

赤手單身　　적수단신

맨손과 홀몸이라는 뜻으로, 가진 재산도 없고 의지할 일가붙이도 없는 외로운 몸이라는 말.

積羽沈舟　　적우침주

새털 같은 가벼운 것도 많이 쌓이면 배를 침몰시킨다는 뜻으로, 여럿의 힘이 모이면 큰 힘이 된다는 말.

積土成山　　적토성산

흙을 쌓아 산을 이룬다는 뜻으로, 작거나 적은 것도 많이 쌓이면 크게 되거나 많아진다는 말.

ㅈ

賊被狗咬　　적피구교

도둑이 개에게 물린다는 뜻으로, 남에게 봉변을 당하여도 제 잘못이 있어 아무 말 못하고 있다는 말.

錢可通神　　전가통신

돈이 많으면 귀신도 움직인다는 뜻으로, 돈의 힘은 일의 결과를 좌우하고 사람의 처지를 변화 시킨다는 말.

前車覆轍　　전거복철

앞서 가던 수레의 엎어진 바퀴자국이라는 뜻으로, 지난날의 실패를 교훈 삼아 다시는 실패하지 않도록 대비한다는 말.

前倨後恭　　전거후공

전에는 거만하다가 나중에는 공손하다는 뜻으로, 상대의 입지에 따라 대하는 태도가 일변하는 것을 이르는 말.

電光石火　　전광석화

번갯불과 부싯돌을 칠 때 나는 불꽃이라는 뜻으로, 매우 짧은 시간이나 매우 재빠른 움직임을 이르는 말.

前代未聞　　전대미문

이제까지 들은 적이 없다는 뜻으로, 듣느니 처음. 매우 놀라운 일이나 새로운 것을 두고 이르는 말.

專對之材　　전대지재

묻는 즉시 지혜롭게 대답할 수 있는 인재라는 뜻으로, 외국에 사신으로 보낼 만한 인재를 이르는 말.

戰戰兢兢　　전전긍긍

몸을 움츠리고 벌벌 떠는 모양이라는 뜻으로, 죄를 짓거나 잘못을 저지르고 적발 당할까봐 쩔쩔매는 경우를 이르는 말.

前程九萬里　　전정구만리

앞길이 구만 리나 된다는 뜻으로, 나이가 아직 젊어 희망이 있고 앞날이 매우 유망하다는 말.

前車覆後車戒　　전차복후차계

앞 수레가 전복되는 것을 보고 뒷 수레가 이를 경계한다는 뜻으로, 곧 앞사람의 실패를 거울삼아 뒷사람이 경계한다는 말.

前瞻後顧　　전첨후고

앞을 바라보고 뒤를 돌아본다는 뜻으로, 어떤 일을 당하여 용기를 내어 결단하지 못하고, 두리번거리기만 한다는 말.

前虎後狼　　전호후랑

앞문에서 호랑이를 막고 있으려니까 뒷문으로 이리가 들어온다는 뜻으로, 재앙이 끊일 사이 없이 닥쳐들어 온다는 말.

折角　　절각

뿔을 부러뜨린다는 뜻으로, 상대방의 기세를 꺾어 버리고 대항할 수 없도록 모든 힘을 기울인다는 말.

絶長補短　　절장보단

긴 곳을 잘라서 짧은 곳을 보충한다는 뜻으로, 잘 되거나 넉넉한 부분에서 못 되거나 부족한 것을 보충한다는 말.

切磋琢磨　　절차탁마

옥·돌 따위를 갈고 닦아 빛을 낸다는 뜻으로, 학문이나 덕행 등을 배우고 닦음을 이르는 말.

絶體絶命　　절체절명

몸도 목숨도 다 되었다는 뜻으로, 궁지에 몰려 살아날 길이 없게 된 막다른 처지를 이르는 말.

折檻 절함

난간이 부러진다는 뜻으로, 난간을 붙들고 부러질 때까지 바른말을 한다는
뜻으로, 진심에서 우러나오는 간곡한 충고를 이르는 말.

點石成金 점석성금

돌을 다듬어서 금을 만든다는 뜻으로, 대단찮은 글이 남의 손을 거쳐 훌륭하
게 다듬어졌을 때 쓰는 말.

漸入佳境 점입가경

갈수록 더욱 좋거나 재미있는 경지에 들어간다는 뜻으로, 일이나 예술 작품
이 시간이 지날수록 더욱 그 광채를 발휘할 때 쓰이는 말.

正鵠 정곡

과녁의 한가운데 표적을 정확하게 맞추었다는 뜻으로, 정확한 목표, 또는 이
론의 핵심을 이르는 말.

精金美玉 정금미옥

순수한 금과 아름다운 구슬이라는 뜻으로, 인품이나 시문이 깔끔하고 아름다
운 것을 비유하여 이르는 말.

頂門一鍼 정문일침

정수리에 침을 놓는다는 뜻으로, 정신을 바짝 차리도록 따끔하게 하는 비판
이나 충고를 이르는 말.

井底之蛙 정저지와

우물 속의 개구리라는 뜻으로, 식견이 좁아 세상 물정을 전혀 모르는 사람
을 일컫는 말.

庭訓 정훈

집 뜰에서 가르친다는 뜻으로, 가정 안에서의 교훈, 아버지가 아들에게 대하
여 주는 교훈을 이르는 말.

堤潰蟻穴 제궤의혈

개미구멍으로 말미암아 큰 둑이 무너진다는 뜻으로, 사소한 실수로 큰일을 망쳐버리는 경우를 이르는 말.

梯山航海 제산항해

사다리를 놓아가며 험한 산에 오르고, 배를 타고 바다를 건넌다는 뜻으로, 산 넘고 물 건너 먼 곳으로 가거나 멀리서 오는 것을 이르는 말.

霽月光風 제월광풍

비가 그친 뒤의 맑은 달과 화창한 날의 바람이라는 뜻으로, 산뜻하고 상쾌한 것을 이르는 말.

提耳面命 제이면명

귀를 끌어당겨 면전에서 명령을 내린다는 뜻으로, 사리를 깨닫도록 간곡히 타이른 다는 말.

蚤肝出食 조간출식

벼룩의 간을 내어 먹는다는 뜻으로, 보잘것없는 이익을 추구하거나 가난한 사람에게 부당한 이윤을 추구한다는 말.

糟糠之妻 조강지처

술지게미와 쌀겨로 가난한 살림을 해온 아내라는 뜻으로, 구차하고 천할 때부터 고생을 함께 해온 아내를 이르는 말.

鳥窮則啄 조궁즉탁

쫓기던 새가 도망갈 곳을 잃게 되면 도리어 상대방을 쫀다는 뜻으로, 비록 약한 사람이라 할지라도 궁지에 몰리면 강적을 해친다는 말.

朝東暮西 조동모서

아침에는 동쪽, 저녁에는 서쪽이라는 뜻으로, 일정한 터전이 없이 이리저리 옮아 다닌다는 말.

朝得暮失　　　조득모실

아침에 얻어 저녁에 잃는다는 뜻으로, 얻은 지 얼마 되지 않아서 곧 잃어버리는 어리석은 사람을 이르는 말.

朝令暮改　　　조령모개

아침에 영을 내리고 저녁에 다시 고친다는 뜻으로, 법령을 자꾸 고쳐 갈피를 잡고 헤아리기가 어렵다는 말.

朝名市利　　　조명시리

명예는 조정에서, 이익은 시장에서 다투라는 뜻으로, 무슨 일이든 적당한 곳에서 하라는 말.

朝聞道夕死可矣　　　조문도석사가의

아침에 진리를 들어 깨치면 저녁에 죽어도 한이 없다는 뜻으로, 짧은 인생을 값있게 살아야 한다는 말.

朝變夕改　　　조변석개

아침저녁으로 뜯어 고친다는 뜻으로, 계획이나 결정 따위를 자주 뜯어고치는 것을 이르는 말.

朝不食夕不食　　　조불식석불식

아침도 안 먹고 저녁도 안 먹는다는 뜻으로, 생활이 구차하여 끼니를 많이 거르고 지낸다는 말.

朝不慮夕　　　조불여석

형세가 급하고 딱하여 아침에 저녁 일을 헤아리지 못한다는 뜻으로, 당장을 걱정할 뿐, 앞일을 돌아볼 겨를이 없다는 말.

朝三暮四　　　조삼모사

아침에 세 개 저녁에 네 개라는 뜻으로, 눈앞에 보이는 차이만 알고 결과가 같다는 것을 모르는 것을 비유하는 말.

俎上肉不畏刀 조상육불외도

도마에 오른 고기가 칼을 두려워하지 않는다는 뜻으로, 막다른 지경에 이르면 두려워하거나 피하지 않는다는 말.

鳥獸不可與同群 조수불가여동군

새와 길짐승이 함께 벗하며 무리지어 살 수는 없다는 뜻으로, 서로 생각이 다른 사람과는 어떤 일을 도모할 수 없다는 말.

朝如青絲暮成雪 조여청사모성설

아침에 푸른 실 같던 머리털이 저녁이면 흰 눈이 덮인 듯 하얗다는 뜻으로, 세월이 무심하게 빨리 흘러 어느덧 말년이 다가온 것을 한탄하는 말.

釣而不綱 조이불강

낚시는 드리우지만 그물질을 하지는 않는다는 뜻으로, 자신에 필요한 양만 취할 뿐 더 이상의 욕심은 부리지 않는다는 말.

足脫不及 족탈불급

맨발로 뛰어도 따라가지 못한다는 뜻으로, 능력과 힘이 부족하여 아무리 노력해도 이룰 수 없다는 말.

存亡之秋 존망지추

존재하느냐 멸망하느냐의 아주 절박한 때라는 뜻으로, 죽느냐 사느냐의 중대한 기로에 있다는 말.

從善如流 종선여류

좋은 것을 좇는 것을 물이 흘러가듯 한다는 뜻으로, 남의 좋은 의견에 허심탄회하게 따른다는 말.

左顧右眄 좌고우면

왼쪽을 둘러보고 오른쪽으로 곁눈질한다는 뜻으로, 여기저기 둘러보기만 하고 일을 결정짓지 못한다는 말.

ㅈ

左袒 좌단

왼쪽 소매를 벗어 왼쪽 어깨를 드러낸다는 뜻으로, 어느 한쪽에 편들어 동의함. 또는 뜻을 같이하여 힘을 보탠다는 말.

坐不安席 좌불안석

앉아도 자리가 편안하지 않다는 뜻으로, 불안하거나 걱정스러워서 한군데에 오래 앉아 있지 못한다는 말.

坐收漁人之功 좌수어인지공

남들이 싸우는 틈에 앉아서 이익을 본다는 뜻으로, 둘이서 버티고 싸우다가 제삼자에게 이익을 빼앗기는 경우를 이르는 말.

座右銘 좌우명

항상 곁에 두고 교훈으로 삼는 격언을 뜻하는 말로, 일상의 경계로 삼는 말이나 글을 이르는 말.

坐而待死 좌이대사

가만히 앉아서 죽기를 기다린다는 뜻으로, 몹시 궁박하여 아무런 대책을 마련할 길이 없어 운명에 맡긴다는 말.

座中有江南客 좌중유강남객

자리에 강남에서 온 나그네가 있다는 뜻으로, 기피하고 경계해야 할 인물이 모임에 끼여 있다는 말.

晝耕夜讀 주경야독

낮에는 농사짓고 밤에는 글을 읽는다는 뜻으로, 어려운 여건 속에서도 꿋꿋이 공부를 한다는 말.

酒囊飯袋 주낭반대

술 주머니와 밥 부대라는 뜻으로, 무지·무능하여 오직 마시고 먹기만 하는 사람을 이르는 말.

走馬加鞭　　주마가편

달리는 말에 채찍질한다는 뜻으로, 부지런하고 성실한 사람을 더욱 잘하게끔 격려한다는 말.

走馬看山　　주마간산

달리는 말 위에서 산천을 구경한다는 뜻으로, 일이 몹시 바빠서 이것저것 자세히 살펴볼 틈도 없이 대강대강 훑어보고 지나친다는 말.

舟非水不行　　주비수불행

배는 물이 없으면 나아가지 못한다는 뜻으로, 임금은 백성이 없으면 군주노릇을 할 수 없다는 말.

走尸行肉　　주시행육

달리는 송장과 걸어가는 고깃덩이라는 뜻으로, 몸은 살았어도 아무런 소용이 없는 사람을 이르는 말.

晝夜長川　　주야장천

밤낮으로 쉬지 않고 연달아 흐르는 내라는 뜻으로, 밤낮 구별 없이 열심히 일을 한다는 말.

主人貧亦歸　　주인빈역귀

주인이 가난하게 되어도 역시 그 주인에게 돌아간다는 뜻으로, 옛 주인을 잊지 못한다는 말.

走獐落兔　　주장낙토

노루를 쫓다가 생각지도 않은 토끼가 걸려들었다는 뜻으로, 뜻밖의 큰 이익을 얻었다는 말.

舟中敵國　　주중적국

한 배 안에 적의 편이 있다는 뜻으로, 군주가 덕을 닦지 아니하면 자기편 일지라도 모두 적이 될 수 있다는 말.

酒池肉林　　주지육림
술로 연못을 이루고 고기로 숲을 이룬다는 뜻으로, 아주 호화롭게 차린 술잔치를 가리키는 말.

走坂之勢　　주판지세
가파른 산비탈을 내달리는 형세라는 뜻으로, 사람의 힘으로는 어찌할 도리가 없어 되는 대로 맡겨 둘 수밖에 없다는 말.

竹馬故友　　죽마고우
대나무 말을 타고 놀던 친구라는 뜻으로, 어렸을 때부터 같이 놀며 친하게 지내온 벗을 이르는 말.

駿馬每馱癡漢走　　준마매태치한주
천리를 달리는 말은 항상 멍청한 인간들이 타고 달린다는 뜻으로, 세상의 모든 일이 불공평하게 이루어지는 것을 비유하는 말.

衆寡不敵　　중과부적
적은 수효가 많은 수효를 대적할 수 없다는 뜻으로, 처음부터 역량 차이가 커서 싸움의 상대가 되지 못한다는 말.

衆口難防　　중구난방
뭇사람의 말을 막기 어렵다는 뜻으로, 많은 사람의 여러 가지 의견을 하나하나 받아넘기기 어렵다는 말.

衆口鑠金　　중구삭금
뭇사람의 입에 오르면 쇠도 녹인다는 뜻으로, 아무리 근거 없는 말도 여러 사람이 하면 이를 믿게 된다는 말.

中石沒鏃　　중석몰촉
돌에 화살이 깊이 박혔다는 뜻으로, 정신을 집중하여 전력을 다하면 어떤 일도 이룰 수 있다는 말.

中庸之道　　중용지도

마땅하고 떳떳한 중용의 도리라는 뜻으로, 극단에 치우치지 않고 평범 속에서의 진실한 도리를 이르는 말.

卽時一盃酒　　즉시일배주

눈 앞의 한 잔 술이라는 뜻으로, 뒷날의 큰 이익보다 당장의 작은 이익을 생각하는 사람을 이르는 말.

櫛風沐雨　　즐풍목우

바람으로 머리 빗고, 비로 목욕한다는 뜻으로, 긴 세월을 객지로 떠돌며 갖은 고생을 다 한다는 말.

舐犢之情　　지독지정

어미 소가 송아지를 핥아 주며 귀여워한다는 뜻으로, 어버이가 자식을 사랑하는 지극한 정을 비유하여 이르는 말.

指東指西　　지동지서

동쪽을 가리키기도 하고 서쪽을 가리키기도 한다는 뜻으로, 근본에는 손을 못 대고 딴 것을 가지고 이러쿵저러쿵한다는 말.

指鹿爲馬　　지록위마

사슴을 가리켜 말이라고 우긴다는 뜻으로, 윗사람을 농락하여 권세를 함부로 부리는 것을 이르는 말.

知斧斫足　　지부작족

믿는 도끼에 발등을 찍힌다는 뜻으로, 믿었던 사람에게 속거나 배반을 당해서 큰 해를 입는다는 말.

至死靡他　　지사미타

죽어도 마음이 변하지 않는다는 뜻으로, 한 사람에 대한 애정이 변치 않아 죽음이 닥치더라도 두 마음을 가지지 않는다는 말.

至誠感天　　지성감천

지극한 정성은 하늘도 감동시킨다는 뜻으로, 어떤 일에나 정성을 다하면 아주 어려운 일도 풀리고 이루어진다는 말.

池魚之殃　　지어지앙

못의 물로 불을 끄니 물이 없어져 물고기가 죽는다는 뜻으로, 뜻밖에 당하는 재앙을 이르는 말.

至愚責人明　　지우책인명

지극히 어리석은 사람도 남을 책망하는 데는 밝다는 뜻으로, 자기 잘못은 덮어두고 남의 잘못만 나무란다는 말.

知遠不知近　　지원부지근

먼 것은 알면서 가까운 것은 모른다는 뜻으로, 가까이 있는 것이 도리어 알아내기 어렵다는 말.

知一不知二　　지일부지이

하나는 알고 둘은 모른다는 뜻으로, 사물을 두루 보지 못하고, 융통성이 없이 어느 한 부분만 보는 것을 이르는 말.

智者見未萌　　지자견미맹

지혜로운 사람은 일이 발생하기 전에 그것을 미리 안다는 뜻으로, 일을 생기기 전에 미리 알아차리는 밝은 지혜를 이르는 말.

知者樂水　　지자요수

슬기로운 사람은 사리에 밝아 막힘이 없는 것이 흐르는 물과 같아서 물을 가까이하며 즐긴다는 말.

只在此山中　　지재차산중

반드시 이 산 속에 있다는 뜻으로, 어느 정도는 알고 있지만 확실하게는 알지 못한다는 말.

知進不知退　　지진부지퇴

앞으로 나아갈 줄만 알고 뒤로 물러설 줄은 모른다는 뜻으로, 제 분수도 모르고 강한 적에게 덤비거나 무모한 행동을 한다는 말.

指天射魚　　지천사어

하늘을 가리키고 물고기를 쏜다는 뜻으로, 무엇을 얻고자 할 때 그에 합당한 방법으로써 하지 않으면 아무 소용이 없다는 말.

知彼知己　　지피지기

적을 알고 나를 알면 백 번 싸워도 위태롭지 않다는 뜻으로, 적의 형편과 자기의 형편도 잘 알면, 결코 싸움에 지는 법이 없다는 말.

直木先伐　　직목선벌

곧은 나무는 먼저 베어진다는 뜻으로, 마음이 강직하고 잘난 사람이 먼저 다른 사람의 해를 입는다는 말.

眞金不鍍　　진금부도

진짜 금에는 도금을 하지 않는다는 뜻으로, 진실한 재주가 있는 사람은 꾸밀 필요가 없다는 말.

盡善盡美　　진선진미

착함을 다하고 아름다움을 다했다는 뜻으로, 더 이상 바랄 것이 없이 사물이 완전하게 잘 되었다는 말.

盡人事待天命　　진인사대천명

사람으로서 할 수 있는 일은 다 한 뒤에 하늘의 명을 기다린다는 뜻으로, 해야 할 일을 다 하고 다음은 조용히 결과를 기다린다는 말.

秦之求無已　　진지구무이

욕심은 한이 없다는 뜻으로, 인간은 욕심이 많아 많은 것을 얻으려고 끝없이 노력을 한다는 말.

進退兩難　　　진퇴양난

나아가지도 물러나지도 못한다는 뜻으로, 이러지도 저러지도 못하는 매우 난처한 처지에 놓여 있다는 말.

疾足者先得　　　질족자선득

행동이 빠른 사람이 남보다 먼저 얻는다는 뜻으로, 남의 꾀를 먼저 알아차리고, 일이 생기기 전에 미리 막는다는 말.

疾風知勁草　　　질풍지경초

질풍에도 꺾이지 않는 억센 풀이라는 뜻으로, 아무리 어려운 일을 당해도 뜻이 흔들리지 않는 사람을 이르는 말.

疾行無善迹　　　질행무선적

급하게 한 일에는 좋은 결과가 없다는 뜻으로, 세상사에 대처하는 방식은 순리를 좇는 것이 가장 좋다는 말.

集大成　　　집대성

여러 가지를 많이 모아 크게 이룬다는 뜻으로, 모을 수 있는 자료를 모두 모은 다음 정리하는 것을 이르는 말.

執牛耳　　　집우이

소의 귀를 잡았다는 뜻으로, 실권을 한 손에 장악하고 단체나 당파에 우두머리가 된다는 말.

懲熱羹而吹膾兮　　　징열갱이취회혜

뜨거운 국에 데어서 냉채를 후후 불어 먹는다는 뜻으로, 실패한 뒤 모든 일에 지나치게 조심한다는 말.

懲前毖後　　　징전비후

지난날을 징계하고 뒷날을 삼간다는 뜻으로, 앞의 잘못을 교훈삼아 일을 신중히 처리한다는 말.

借刀殺人　　차도살인

남의 칼을 빌려 사람을 죽인다는 뜻으로, 남의 힘으로 목적을 달성하거나 음험(陰險)한 수단을 쓰는 사람을 이르는 말.

嗟來之食　　차래지식

남을 업신여기면서 무례한 태도로 불러서 주는 음식이란 뜻으로, 모욕적으로 받는 구조 물품을 일컫는 말.

此一時彼一時　차일시피일시

이것도 한때요, 저것도 한때라는 뜻으로, 이때 한 일과 저때 한 일이 사정이 각각 다르다는 말.

此日彼日　　차일피일

이날이다, 저날이다 한다는 뜻으로, 자꾸 약속이나 기일 따위를 미적미적 미루는 모양을 이르는 말.

借賊兵　　차적병

적군에게 무기를 빌려준다는 뜻으로, 자기를 해치려는 자에게 은혜를 베풀어 주고 도리어 해를 입게 된다는 말.

借廳入室　　차청입실

마루를 빌려 살다가 방으로 들어간다는 뜻으로, 남에게 의지하였다가 차차 그 권리를 침범한다는 말.

捉頭僅捉尾　착두근착미

대가리를 잡으려다가 겨우 꽁지를 잡았다는 뜻으로, 큰 것을 바라다가 작은 것을 얻었다는 말.

鑿壁引光　착벽인광

벽을 뚫어서 불빛을 끌어들인다는 뜻으로, 어려운 환경에서도 그것을 극복하여 열심히 공부한다는 말.

捉山猪失家猪　착산저실가저

멧돼지를 잡으려다 집돼지를 잃는다는 뜻으로, 분수에 넘치는 욕심을 내다가 오히려 손해를 본다는 말.

着先鞭　착선편

남보다 먼저 매를 든다는 뜻으로, 남보다 먼저 일을 시작하거나 남보다 먼저 공을 세운다는 말.

斬釘截鐵　참정절철

못을 끊고 쇠를 자른다는 뜻으로, 흔들리지 않고 꿋꿋한 자세로 의심 없이 과감하게 일을 처리한다는 말.

創業易守成難　창업이수성난

창업은 쉬우나 그것을 지켜 이루어 나가기는 어렵다는 뜻으로, 사업을 시작하는 것은 쉽지만 일단 이룩된 사업을 지켜 나가기 어렵다는 말.

滄海桑田　창해상전

뽕나무 밭이 변하여 푸른 바다가 된다는 뜻으로, 세월이 많이 흘러 세상사가 크게 바뀐 것을 비유하는 말.

滄海遺珠　창해유주

넓고 큰 바다 속에 캐어지지 않은 채 남아 있는 진주라는 뜻으로, 세상에 미처 알려지지 않은 드물고 귀한 보배나, 덕과 지혜가 높은 어진 사람을 이르는 말.

滄海一粟　창해일속

큰 바다에 던져진 한 알의 좁쌀이란 뜻으로, 매우 작거나 또는 보잘것없는 존재를 이르는 말.

冊床退物 책상퇴물

글공부만 하다가 갓 사회에 나와서 산지식이 없어 세상 물정에 어두운 사람을 흘하게 이르는 말.

責人則明 책인즉명

어리석은 사람도 남을 나무라는 데는 밝다는 뜻으로, 자기 잘못은 덮어두고 남의 잘못만 나무란다는 말.

妻城子獄 처성자옥

아내는 성(城)이고 자식은 감옥이라는 뜻으로, 처자를 거느린 사람은 집안일에 얽매여 자유로이 활동을 할 수 없다는 말.

凄風苦雨 처풍고우

처풍은 매우 쓸쓸한 바람, 고우는 궂은비란 뜻으로, 매우 처량하고 비참하고 괴로운 처지에 있다는 말.

尺蠖之屈 척확지굴

자벌레가 몸을 구부리는 것은 곧 몸을 펴고자 함이라는 뜻으로, 앞으로 큰 뜻을 펴기 위해 잠시 몸을 굽힌다는 말.

天高馬肥 천고마비

하늘이 높고 말이 살찐다는 뜻으로, 오곡백과가 무르익는 가을이 썩 좋은 절기라는 것을 이르는 말.

千金買笑 천금매소

천금의 돈을 주고 웃음을 산다는 뜻으로, 사랑하는 여자의 환심을 사기 위해 온갖 수단을 다 부린다는 말.

天道是耶非耶 천도시야비야

하늘의 도가 옳은가 그른가라는 뜻으로, 하늘이 가진 공명정대함을 한편으로는 의심하면서 한편으로는 확신하는 심정 사이의 갈등을 드러내는 말.

天羅地網　　천라지망

하늘과 땅에 처진 그물이란 뜻으로, 피할 수 없는 경계망이나 벗어날 길이 없는 재액을 이르는 말.

千慮一失　　천려일실

천 번 생각에 한 번 실수라는 뜻으로, 아무리 슬기로운 사람일지라도, 많은 생각 가운데는 한가지쯤은 실책이 있게 마련이라는 말.

千里送鵝毛　　천리송아모

천리 밖에서 거위 털을 보냈다는 뜻으로, 선물은 대수롭지 않은 물건이지만 성의만은 대단하다는 말.

千里眼　　천리안

천리를 내다볼 수 있는 눈이라는 뜻으로, 세상사를 꿰뚫어보거나 먼 곳에서 일어난 일을 미리 예지하는 능력을 이르는 말.

千不當萬不當　　천부당만부당

천 번 만 번 부당하다는 뜻으로, 조금도 사리에 맞지 않거나 정당하지 않고 이치에 맞지 않는다는 말.

天崩之痛　　천붕지통

하늘이 무너지는 것 같은 슬픔이라는 뜻으로, 제왕이나 아버지의 상사를 당한 큰 슬픔을 이르는 말.

千辛萬苦　　천신만고

천만 가지 매운 맛과 만 가지 쓴 것이라는 뜻으로, 온갖 어려운 고비를 다 겪으며 심하게 고생한다는 말.

天涯地角　　천애지각

하늘의 끝이 닿은 곳과 땅의 한 귀퉁이라는 뜻으로, 아득하게 멀리 떨어져 있는 것을 이르는 말.

天衣無縫 천의무봉

선녀가 만든 옷은 꿰맨 흔적이 없다는 뜻으로, 완벽하거나 자그마한 흠도 없는 경우를 이르는 말.

天人共怒 천인공노

하늘과 사람이 함께 노한다는 뜻으로, 누구나 분노할 만큼 증오스럽거나 도저히 용납될 수 없다는 말.

千紫萬紅 천자만홍

여러 가지 울긋불긋한 빛깔이라는 뜻으로, 여러 가지 빛깔의 꽃이 만발한 것을 이르는 말.

千載一遇 천재일우

천 년이 지나야 한 번 만날 수 있다는 뜻으로, 좀처럼 얻기 어려운 좋은 기회를 이르는 말.

天井不知 천정부지

천장을 알지 못한다는 뜻으로, 물가가 하늘 높은 줄 모르고 한없이 자꾸 오르기만 한다는 말.

千篇一律 천편일률

천편이나 되는 글귀가 서로 비슷비슷하다는 뜻으로, 작품이나 상황이 전에 비해 별반 발전이 없거나 시작과 끝이 거의 변화가 없다는 말.

川何辜爲盲故 천하고위맹고

소경이 개천 나무란다는 뜻으로, 자기 잘못은 덮어두고 남의 잘못만 나무라고 남만 탓한다는 말.

淺學菲才 천학비재

배운 바가 얕고 재주가 없다는 뜻으로, 학식이 얕고 재주가 변변하지 않다고 겸손하게 이르는 말.

ㅊ

193

鐵面皮 철면피

쇠처럼 두꺼운 낯가죽이라는 뜻으로, 부끄럼이 없고 너무 뻔뻔해서 염치를 모르는 사람을 이르는 말.

轍鮒之急 철부지급

수레바퀴 자국에 고인 물속의 붕어라는 뜻으로, 위급한 처지에 있거나 고단하고 옹색한 사람을 일컫는 말.

鐵心石腸 철심석장

쇠나 돌같이 굳고 단단한 마음이라는 뜻으로, 지조가 철석같이 견고하여 외부의 유혹에도 동요되지 않는 경지를 이르는 말.

鐵中錚錚 철중쟁쟁

여러 쇠붙이 가운데서도 유난히 맑게 쟁그랑거리는 소리가 난다는 뜻으로, 같은 종류 가운데 특히 뛰어난 것을 이르는 말.

晴耕雨讀 청경우독

맑은 날은 논밭을 갈고 비 오는 날은 책을 읽는다는 뜻으로, 부지런히 일하며 공부를 한다는 말.

請君入甕 청군입옹

'그대가 항아리 안으로 들어가시오'라는 뜻으로, 그가 사람이 사용했던 방법 그대로 그 사람에게 당하게 되는 경우를 비유하는 말.

清談 청담

맑은 대화라는 뜻으로, 세속의 이익이나 명예 따위에 얽매이지 않은 허심탄회하고 무욕무망한 이야기를 이르는 말.

清白吏 청백리

품행이 순수하고 깨끗한 관리라는 뜻으로, 맑고 깨끗한 마음으로 재물을 탐하지 않는 벼슬아치를 이르는 말.

青山可埋骨 청산가매골

멀리 보이는 푸른 산에는 어디든지 뼈를 묻을 수 있다는 뜻으로, 대장부는 반드시 고향에서 죽어야 한다고 생각해서는 안 된다는 말.

青山流水 청산유수

푸른 산과 흐르는 물이라는 뜻으로, 막힘없이 말을 잘하거나 그렇게 하는 말을 비유하는 말.

青雲之志 청운지지

푸른 구름과 같은 뜻으로, 이제 막 일을 시작하려는 사람이 원대한 이상을 품고 이를 이루어 나가겠다는 뜻을 세운다는 말.

青天白日 청천백일

푸른 하늘에 빛나는 태양이란 뜻으로, 누구나 다 인정하는 당연한 상황이나 일을 이르는 말.

青天霹靂 청천벽력

맑게 갠 하늘에서 치는 벼락이라는 뜻으로, 예기치 못하게 일어난 곤란이나 걱정, 또는 큰 사고를 일컫는 말.

青出於藍 청출어람

쪽에서 뽑아 낸 푸른 물감이 쪽보다 더 푸르다는 뜻으로, 제자나 후진이 스승이나 선배보다 더 뛰어나다는 말.

清風明月 청풍명월

맑은 바람과 밝은 달이라는 뜻으로, 결백하고 온건한 성격으로 자연을 마음껏 즐긴다는 말.

楚狂者楚言 초광자초언

초나라의 미친 사람도 초나라 말을 한다는 뜻으로, 사람은 습관이나 버릇은 버리기 어렵다는 말.

草根木皮 초근목피

풀뿌리와 나무껍질이란 뜻으로, 곡식이 없어 산나물 따위로 만든 험한 음식을 이르는 말.

樵童汲婦 초동급부

땔나무를 하는 아이와 물을 긷는 아낙네라는 뜻으로, 평범하게 살아가는 일반 백성을 이르는 말.

焦頭爛額 초두난액

머리를 그슬리고 이마를 태워 가며 불을 끈다는 뜻으로, 어려운 일을 당하여 몹시 애쓰는 것을 이르는 말.

草綠同色 초록동색

풀과 녹색은 같은 빛이라는 뜻으로, 이름은 달라도 성질이나 내용을 같다는 말로 따지고 보면 한 가지라는 말.

草網着虎 초망착호

썩은 새끼로 엮은 망으로 범을 잡는다는 뜻으로, 되지도 않을 일을 허황되게 꾀하려 한다는 말.

草木同腐 초목동부

초목과 함께 썩어 없어진다는 뜻으로, 해야 할 일을 못하거나 이름을 남기지 못하고 죽는 다는 말.

焦眉之急 초미지급

눈썹을 태울 만큼 불길이 다가온다는 뜻으로, 몹시 급해서 조금도 방치할 수 없는 절박한 사태를 이르는 말.

礎潤而雨 초윤이우

주춧돌이 축축해지면 비가 온다는 뜻으로, 일이 일어날 때는 반드시 그 징조가 있다는 말로, 원인이 있으면 결과가 있다는 말.

楚材晉用　　초재진용

초나라의 재목을 가져다가 진나라의 것으로 삼는다는 뜻으로, 다른 나라의 인재를 불러다가 자국에 등용시킨다는 말.

初志一貫　　초지일관

처음에 먹은 마음을 한결 같이 지닌다는 뜻으로, 처음 세운 뜻을 이루려고 끝까지 밀고 나간다는 말.

村鷄官廳　　촌계관청

촌닭을 관청에 잡아다 놓은 것 같다는 뜻으로, 경험이 없는 일을 당하여 어리둥절하고 당황해 하고 있다는 말.

寸鐵殺人　　촌철살인

한 치의 쇠붙이로도 살인한다는 뜻으로, 간단한 말로도 남을 감동시키거나 사물의 급소를 찌를 수 있다는 말.

叢輕折軸　　총경절축

가벼운 것도 많이 쌓이면 차축(車軸)을 부러뜨린다는 뜻으로, 작은 것도 많이 모이면 큰 힘이 된다는 말.

秋霜烈日　　추상열일

가을에 내리는 찬 서리와 여름의 뜨거운 태양이라는 뜻으로, 형벌이 엄정하고 권위가 있다는 말.

秋扇　　추선

가을의 부채라는 뜻으로, 부채는 날이 무더운 여름철에는 누구에게나 귀한 존재로 대접을 받지만 서늘한 계절이 돌아오면 홀대를 받는다는 말.

追遠報本　　추원보본

조상의 덕을 추모하는 제사를 지내고 자기의 태어난 근본을 잊지 않고 은혜를 갚는다는 말.

推燥居濕 추조거습

자식은 마른 곳으로 가려 눕히고 자기는 젖은 곳에 앉는다는 뜻으로, 부모가 자식을 기를 때의 사랑을 이르는 말.

推舟於陸 추주어육

육지에서 배를 나아가게 하려고 한다는 뜻으로, 무리하게 고집을 부리는 경우를 이르는 말.

秋風落葉 추풍낙엽

가을 바람에 떨어지는 잎이란 뜻으로, 세력이나 형세가 갑자기 기울거나 시듦을 비유하여 이르는 말.

秋風扇 추풍선

가을 바람에 부채라는 뜻으로, 남자에게 버림받은 여자. 필요할 때는 대접받다가 쓸모없으면 버림을 받는다는 말.

逐鹿者不見山 축록자불견산

사슴을 좇는 자는 산을 보지 못한다는 뜻으로, 명예와 욕망에 눈먼 사람은 눈앞에 위험도 못 본다는 말.

春蘭秋菊 춘란추국

봄의 난초와 가을의 국화라는 뜻으로, 각각 특색이 있어서 어느 것이 낫다고 할 수 없다는 말.

春來不似春 춘래불사춘

봄은 왔지만 봄 같지가 않다는 뜻으로, 계절이나 절기는 제때 왔지만 거기에 어울리는 상황이 아니라는 말.

春眠不覺曉 춘면불각효

봄잠에 취해 새벽이 오는 줄도 몰랐다는 뜻으로, 좋은 분위기에 젖어 시간이 가는 줄도 모른다는 말.

春無三日晴　춘무삼일청

봄에는 삼일 연속 맑은 날이 없다는 뜻으로, 봄에 꽃 필 무렵이면 비가 많이 내린다는 말로, 좋은 일에는 나쁜 일도 많이 따른다는 말.

春蛙秋蟬　춘와추선

봄의 개구리와 가을의 매미의 울음소리라는 뜻으로, 항상 시끄럽기만 하고 아무 소용없다는 말.

春秋筆法　춘추필법

공자의 역사 비판이 나타나 있는 '춘추'와 같이 대의명분을 밝혀 세우는 사필의 논법을 이르는 말.

春雉自鳴　춘치자명

봄철의 꿩이 스스로 운다는 뜻으로, 시키거나 요구하지 않아도 때가 되면 제 스스로 한다는 말.

出爾反爾　출이반이

뿌린 대로 거둔다는 뜻으로, 사람은 어떻게 하느냐에 따라 그 결과를 고스란히 제 몫으로 감당한다는 말.

出將入相　출장입상

나가서는 장수요, 들어와서는 재상이란 뜻으로, 문무를 겸전하여 장상의 벼슬을 두루 지낸다는 말.

出乎爾反乎爾　출호이반호이

자기에게서 나온 것이 자기에게 돌아간다는 뜻으로, 자신의 허물을 반성할 일이지 남의 잘못을 꾸짖을 일이 못 된다는 말.

忠臣不事二君　충신불사이군

충신은 두 임금을 섬기지 않는 다는 뜻으로, 나라를 위한 충신의 깊은 마음과 절개를 이르는 말.

ㅊ

忠言逆耳 충언역이

충직한 말은 귀에 거슬린다는 뜻으로, 바르게 충고하는 말은 귀에 거슬리지만 자신을 이롭게 한다는 말.

吹毛覓疵 취모멱자

머리카락을 불어 가며 흠을 찾는다는 뜻으로, 억지로 남의 조그만 허물까지 찾아내는 것을 이르는 말.

聚蚊成雷 취문성뢰

모기가 모이면 그 소리가 우레와 같다는 뜻으로, 사악한 무리가 떠들어대면 하찮은 일도 대단한 일처럼 과장된다는 말.

醉生夢死 취생몽사

술에 취해 잠자는 동안에 꾸는 꿈속에서 살고 죽는다는 뜻으로, 한평생을 아무 하는 일도 없이 흐리멍덩하게 살아간다는 말.

驟雨不終朝 취우부종조

소나기는 오래 가지 않는다는 뜻으로, 권력이나 세도를 부리는 사람도 오래 가지 못한다는 말.

翠以羽自殘 취이우자잔

물총새는 아름다운 날개 때문에 죽임을 당한다는 뜻으로, 지나치게 아름다운 것은 자신을 해칠 수 있다는 말.

取適非取魚 취적비취어

낚시의 즐거움은 단지 고기를 잡는 것에 있지 않다는 뜻으로, 무슨 일을 하는 데에 있어 목적이 다른 데에 있다는 말.

醉中無天子 취중무천자

취중에는 천자가 없다는 뜻으로, 술에 취하면 기가 성하여 세상에 거리낌이 없고 두려운 사람이 없어진다는 말.

醉中眞情發 취중진정발

평소에 먹은 마음이 취중에 나타난다는 뜻으로, 술에 취하면 평소에 지니고 있던 생각을 털어놓는다는 말.

測水深昧人心 측수심매인심

물 속 깊이는 알아도 사람의 마음속은 모른다는 뜻으로, 사람의 속마음은 짐작하기 어렵다는 말.

治國平天下 치국평천하

나라를 잘 다스리고 천하를 고르게 한다는 뜻으로, 나라를 잘 다스리고 온 세상을 편안하게 한다는 말.

齒亡舌存 치망설존

이빨이 없어져도 혀는 남는다는 뜻으로, 굳은 것은 먼저 깨지고 부드러운 것은 오래 남는다는 말.

癡人說夢 치인설몽

어리석은 사람에게 꿈 이야기를 해준다는 뜻으로, 꿈 이야기를 하면 어리석은 사람은 그것이 사실인 줄 알고 엉뚱하게 전한다는 말.

置之度外 치지도외

정도 바깥으로 밀어 둔다는 뜻으로, 생사와 이해를 염두에 두지 않거나 아랑곳하지 않는 태도를 비유하는 말.

七顚八起 칠전팔기

일곱 번 넘어지고 여덟 번 일어난다는 뜻으로, 여러 번의 실패에도 굽히지 않고 분투한다는 말.

七縱七擒 칠종칠금

일곱 번 잡았다가 일곱 번 놓아 준다는 뜻으로, 자유자재로 상대를 다루는 것을 비유하는 말.

針盜盜牛　　침도도우

바늘 도둑이 소 도둑이 된다는 뜻으로, 자그마한 나쁜 버릇이 커지게 되면 마침내는 큰 죄를 저지를 수 있게 된다는 말.

針小棒大　　침소봉대

바늘 만한 것을 몽둥이 만하다고 한다는 뜻으로, 심하게 과장하거나 부풀려서 이야기를 한다는 말.

寢牛起馬　　침우기마

소는 눕는 것을, 말은 서 있는 것을 좋아한다는 뜻으로, 사람마다 제각기 취미가 다르다는 말.

快刀斬亂麻　　쾌도참난마

잘 드는 칼은 헝클어진 삼 가닥도 잘 자른다는 뜻으로, 어지럽게 뒤얽힌 사물이나 말썽거리를 단번에 시원스럽게 처리한다는 말.

快犢破車　　쾌독파차

힘 센 송아지가 자기가 끄는 수레를 부순다는 뜻으로, 난폭하게 구는 소년도 앞으로는 큰 인물이 될 수 있다는 말.

快行無好步　　쾌행무호보

빠르게 걸으면 발걸음이 고르지 않다는 뜻으로, 급하게 일을 하면 결과가 그리 좋지는 않다는 말.

唾面自乾 　　타면자건

남이 내 얼굴에 침을 뱉으면 절로 그 침이 마를 때까지 기다린다는 뜻으로, 처세에는 인내가 필요한 것을 강조하여 이르는 말.

他山之石 　　타산지석

다른 산의 나쁜 돌도 자기의 구슬을 가는 데 소용이 된다는 뜻으로, 다른 사람의 하찮은 언행일지라도 자기의 지덕(知德)을 연마하는 데 도움이 된다는 말.

他尚何說 　　타상하설

'다른 것은 말하여 무엇하랴'의 뜻으로, 한 가지 일을 보면 다른 일을 보지 않아도 헤아릴 수 있다는 말.

打草驚蛇 　　타초경사

풀을 휘저어서 뱀을 놀라게 한다는 뜻으로, 한 사람을 혼내서 다른 사람을 깨우쳐준다는 말.

擢發難數 　　탁발난수

일일이 뽑아내서 헤아리기 어렵다는 뜻으로, 지은 죄가 헤아릴 수 없이 많은 것을 비유하는 말.

呑刀刮腸 　　탄도괄장

칼을 삼켜 창자를 도려낸다는 뜻으로, 잘못된 마음을 버리고 바로잡아 새 사람이 된다는 말.

彈劾 　　탄핵

탄알을 쏘듯이 죄를 파헤친다는 뜻으로, 관리의 죄나 부정을 폭로하여 위에 알리고 고발하는 것을 이르는 말.

ㅋ

ㅌ

脫兔之勢　　　탈토지세

우리를 빠져 도망하는 토끼의 기세라는 뜻으로, 동작이 매우 재빠르며 신속하고 민첩하다는 말.

泰山鳴動鼠一匹　　　태산명동서일필

태산을 울리며 세상을 떠들썩하게 움직였는데 나타난 것은 고작 쥐 한 마리라는 뜻으로, 요란하게 일을 벌였으나 별로 신통한 결과를 얻지 못한 경우를 이르는 말.

泰山北斗　　　태산북두

높은 태산과 북두칠성이란 뜻으로, 세상 사람들로부터 가장 존경을 받는 사람을 비유하여 이르는 말.

泰山不辭土壤　　　태산불사토양

태산은 작은 흙덩이도 사양하지 않는다는 뜻으로, 그릇이 큰 인물은 하찮은 의견이나 사람도 잘 포용해서 큰일을 이룬다는 말.

泰山壓卵　　　태산압란

태산으로 달걀을 눌러 깨뜨린다는 뜻으로, 역량에 있어서 현격한 차이가 나는 것을 비유하는 말.

兎角龜毛　　　토각귀모

토끼의 뿔과 거북의 털이란 뜻으로, 절대로 있을 수 없는 말이나 행동이 터무니없는 것을 이르는 말.

土崩瓦解　　　토붕와해

흙이 무너지고 기와가 깨진다는 뜻으로, 어떤 조직이나 사물이 여지없이 무너져 손댈 수 없게 되었다는 말.

兎死狗烹　　　토사구팽

토끼를 다 잡으면 사냥개를 삶는다는 뜻으로, 요긴한 때는 소중히 여기다가도 쓸모가 없게 되면 천대하고 쉽게 버린다는 말.

兎營三窟　토영삼굴

토끼가 위난을 피하려고 구멍 셋을 만든다는 뜻으로, 자신의 안전을 위해 미리 몇 가지의 술책을 짜 놓는다는 말.

土牛木馬　토우목마

흙으로 만든 소와 나무로 만든 말. 곧, 겉은 훌륭하나 실속이 없다는 뜻으로, 가문만 좋을 뿐 무능한 사람을 이르는 말.

吐盡肝膽　토진간담

간과 쓸개를 다 토한다는 뜻으로, 거짓 없이 사실을 있는 그대로 다 털어놓고 숨김없이 다 말한다는 말.

吐哺握發　토포악발

먹던 것을 뱉고 감던 머리를 움켜쥔다는 뜻으로, 현인을 모셔 오기 위해 성의를 다하는 정성과 자세를 비유하는 말.

痛定思痛　통정사통

아픔이 가라앉은 뒤 아픔을 회상한다는 뜻으로, 전의 고통이나 실패를 가슴 깊이 새긴다는 말.

槌輕釘聳　퇴경정용

망치가 가벼우면 못이 다시 솟는다는 뜻으로, 윗사람이 엄하게 다스리지 않으면 아랫사람이 말을 듣지 않는다는 말.

推敲　퇴고

민다, 두드린다는 뜻으로, 시문을 지을 때, 자구(字句)를 여러 번 생각하고 고친다는 말로, 글을 짓는 데 고심한다는 말.

投鼠忌器　투서기기

쥐를 잡으려 하나 그 옆에 있는 그릇이 상할까 염려한다는 뜻으로, 간신을 제거하려 하나 임금께 해를 끼칠까 두려워한다는 말.

E

破家瀦宅　파가저택

지난날, 중죄인의 집을 헐어 없애고 그 터를 파서 물을 대어 못을 만들던 형벌을 이르는 말.

破鏡　파경

깨어진 거울이란 뜻으로, 한 번 헤어진 부부는 다시 결합하기 어려움. 또는 부부의 이별이나 이혼을 이르는 말.

破器相接　파기상접

깨어진 그릇 조각을 다시 맞춘다는 뜻으로, 이미 잘못된 일을 바로잡으려고 쓸데없이 고생을 한다는 말.

爬羅剔抉　파라척결

손톱으로 긁거나 후비어 모조리 파낸다는 뜻으로, 남의 비밀이나 결점을 샅샅이 들추어낸다는 말.

破落戶　파락호

몰락한 세도 집안의 자제를 뜻하며, 경우 없이 마구잡이로 노는 건달이나 불량배를 지칭하는 말.

波瀾萬丈　파란만장

물결이 만 길 높이로 인다는 뜻으로, 인생을 살아가는 데 있어서 기복과 변화가 심하다는 말.

破廉恥漢　파렴치한

염치를 모르는 뻔뻔스러운 사람이란 뜻으로, 너무 뻔뻔해서 부끄러운 줄도 모르는 사람을 이르는 말.

把盃脘不外曲 파배완불외곡

잔을 잡은 팔은 밖으로 내굽지 않는다는 뜻으로, 사람의 정은 자기와 가까운 사람에게 자연적으로 쏠린다는 말.

破釜沈船 파부침선

병사들이 솥을 깨뜨리고 배를 침몰시킨다는 뜻으로, 죽기를 각오하고 끝까지 싸울 것을 다짐하는 말.

破山中賊易 파산중적이

산 속의 도둑은 쳐부수기가 쉽지만 마음속의 도둑은 쳐부수기가 어렵다는 뜻으로, 마음의 수양은 참으로 어렵다는 말.

破竹之勢 파죽지세

대를 쪼갤 때와 같은 형세라는 뜻으로, 대적을 거침없이 물리치고 쳐들어가는 당당한 기세를 이르는 말.

破甑不顧 파증불고

이미 깨진 질그릇을 돌아볼 필요가 없다는 뜻으로, 만회할 수 없는 일을 가지고 아쉬워하거나 비통해 할 필요는 없다는 말.

破天荒 파천황

천지개벽 이전의 혼돈한 상태를 깨뜨린다는 뜻으로, 지금껏 아무도 생각하지 못했던 놀랄 만한 일을 하는 경우를 이르는 말.

阪上走丸 판상주환

비탈에서 공을 굴린다는 뜻으로, 자연적인 추세에 편승하거나 순리에 따르면 쉽게 이룰 수 있다는 말.

八面六臂 팔면육비

여덟 개의 얼굴과 여섯 개의 팔이라는 뜻으로, 어떤 일을 당해도 능히 처리하는 수완과 능력이 있다는 말.

敗軍之將不言勇　　패군지장불언용

싸움에 진 장수는 용기 또는 전략에 관해 말할 자격이 없다는 뜻으로, 입을 다물고 수치 속에 살겠다는 말.

悖出悖入　　패출패입

어그러져 나간 것은 어그러져 들어온다는 뜻으로, 남에게 부도덕한 일을 하면 자기도 역시 남에게 부도덕한 대접을 받는다는 말.

烹頭耳熟　　팽두이숙

머리를 삶으면 귀까지 익는다는 뜻으로, 중요한 부분만 처리하면 남은 것은 따라서 저절로 해결된다는 말.

片言折獄　　편언절옥

한마디 말로 송사의 판결을 내린다는 뜻으로, 사람됨이 성실한 것을 일컫거나 판결이 공정한 것을 이르는 말.

便宜從事　　편의종사

임금이 사신을 보낼 때, 어떤 결정적인 지시를 내리지 않고 가서 형편에 따라 하도록 맡긴다는 말.

平沙落雁　　평사낙안

평평한 모래밭에 내려앉는 기러기라는 뜻으로, 글씨를 예쁘게 잘 쓰거나 문장이 매끈하게 잘되었을 때 쓰는 말.

萍水相逢　　평수상봉

부초가 물에 떠다니다가 우연히 서로 만난다는 뜻으로, 여행을 하다가 길에서 우연히 만난다는 말.

平地突出　　평지돌출

평평한 땅에 산이 우뚝 솟아 있다는 뜻으로, 변변하지 못한 집안에서 뛰어난 인물이 난다는 말.

平地風波   평지풍파

고요한 땅에 바람과 물결을 일으킨다는 뜻으로, 공연한 일을 만들어서 뜻밖의 분쟁을 일으키거나 사태를 어렵고 시끄럽게 만든다는 말.

弊絶風淸   폐절풍청

폐단과 악습이 없어져 풍속이 좋아진다는 뜻으로, 정치가 바르게 된다는 말로 나라가 잘 다스려진다는 말.

吠形吠聲   폐형폐성

개 한 마리가 형체를 보고 짖자 나머지 개들이 소리만 듣고 짖는다는 뜻으로, 무슨 영문인지도 모르고 덩달아서 이러쿵저러쿵 떠드는 것을 비유하는 말.

抱頭鼠竄   포두서찬

두려워서 머리를 싸매고 쥐처럼 숨는다는 뜻으로, 무서워서 몰골사납게 얼른 숨는 것을 이르는 말.

蒲柳之質   포류지질

갯버들 같은 체질이라는 뜻으로, 나이보다 빨리 늙어 버리는 체질이나 몸이 약하여 병에 잘 걸리는 체질을 이르는 말.

抱璧有罪   포벽유죄

구슬을 가지고 있는 것이 죄라는 뜻으로, 보물을 가지고 있으면 죄가 없어도 재앙을 당한다는 말.

抱腹絶倒   포복절도

배를 안고 넘어진다는 뜻으로, 너무 우스워서 배를 안고 몸을 가누지 못할 만큼 웃는다는 말.

抱佛脚   포불각

급할 때 부처님 발을 끌어안는다는 뜻으로, 평소에는 전혀 대비하지 않고 있다가 급하게 되었을 때 갑자기 구원을 바란다는 말.

ㅍ

抱薪救火 포신구화

섶을 지고 불을 끈다는 뜻으로, 화를 없애기는커녕 잘못된 방법 때문에 도리어 더 큰 화를 불러드린다는 말.

布衣之交 포의지교

베옷을 입고 다닐 때의 사귐이라는 뜻으로, 벼슬하기 전 선비시절의 사귐. 또는 그런 벗을 이르는 말.

苞苴甘醬入 포저감장입

꾸러미 속의 맛있는 된장이라는 뜻으로, 외모는 흉해 보이나 안의 내용은 옹골차고 훌륭한 것을 이르는 말.

暴殄天物 포진천물

하늘이 낸 만물을 함부로 다 써버린다는 뜻으로, 물건을 아까운 줄 모르고 마구 써 버리거나 아껴 쓰지 않고 함부로 버린다는 말.

抱炭希凉 포탄희량

숯불을 안고 시원하기를 바란다는 뜻으로, 하는 일과 바라는 일이 일치하지 않고 상반된다는 말.

捕風捉影 포풍착영

바람을 잡고 그림자를 붙든다는 뜻으로, 허망한 언행이나 이루어질 가망이 없는 것을 이르는 말.

暴虎馮河 포호빙하

맨손으로 호랑이를 잡고 도보로 강을 건넌다는 뜻으로, 용기는 있지만 지모가 없는 사람을 이르는 말.

咆虎陷浦 포호함포

으르렁대기만 하는 범이 개펄에 빠진다는 뜻으로, 큰소리만 치고 일은 이루지 못하는 것을 이르는 말.

輻輳幷臻   폭주병진

수레바퀴의 살이 바퀴통에 모이듯 한다는 뜻으로, 모든 것이 한 곳으로 많이 몰려든다는 말.

風聲鶴唳   풍성학려

바람 소리와 학의 울음소리라는 뜻으로, 겁을 집어먹은 사람이 아무것도 아닌 조그만 일에도 놀란다는 말.

風樹之嘆   풍수지탄

나무는 가만히 있으려 해도 바람이 그냥 두지 않는다는 뜻으로, 어버이가 돌아가시어 효도하고 싶어도 할 수 없는 슬픔을 이르는 말.

風前燈火   풍전등화

바람 앞에 등불이라는 뜻으로, 사물이 오래 견디지 못하고 매우 위급한 자리에 놓여 있음을 가리키는 말.

風餐露宿   풍찬노숙

바람과 이슬을 맞으며 한데에서 먹고 잔다는 뜻으로, 객지에서 겪는 모진 고생을 이르는 말.

風打浪打   풍타낭타

바람이 치고 물결이 친다는 뜻으로, 일정한 주의나 주장이 없이 그저 대세에 따라 행동한다는 말.

疲馬不驚鞭   피마불경편

피곤한 말은 채찍도 무서워하지 않는다는 뜻으로, 곤궁한 처지에 빠지면 엄한 벌도 두려워하지 않고 죄를 범한다는 말.

彼一時此一時   피일시차일시

그때나 지금이나 마찬가지라는 뜻으로, 각각 때에 따라서 행한 일이며, 조금도 모순이 없다는 말.

ㅍ

避獐逢虎　　　피장봉호

노루를 피하려다 범을 만났다는 뜻으로, 적은 화를 피하려다가 더욱 큰 화를 만나게 되었다는 말.

彼丈夫我丈夫　　피장부아장부

그가 대장부라면 나도 대장부라는 뜻으로, 남보다 못하거나 남에게 굽힐 것이 없다. 또는 누구나 노력하면 훌륭하게 된다는 말.

匹夫之勇　　　필부지용

일개 사내의 용기라는 뜻으로, 분별없이 혈기만 믿고 날뛰는 소인들의 경솔한 용기를 뜻하는 말.

匹夫匹婦　　　필부필부

한 사람의 남자와 한 사람의 여자라는 뜻으로, 대수롭지 않은 그저 평범한 남녀를 이르는 말.

夏爐冬扇　　　하로동선

여름의 화로나 겨울의 부채라는 뜻으로, 격이나 철에 맞지 않는 쓸데없는 사물을 비유하는 말.

下石上臺　　　하석상대

아랫돌 빼서 윗돌 괴고 윗돌 빼서 아랫돌 괸다는 뜻으로, 임시변통으로 이리저리 둘러맞춘다는 말.

瑕玉　　　　　하옥

옥의 티라는 뜻으로, 아무리 값진 보배라고 해도 작은 허물이 있으면 제 값어치를 못 한다는 말.

下愚不移　　하우불이

매우 어리석고 못난 사람은 언제나 그대로 있다는 뜻으로, 본바탕이 워낙 못난 사람은 변함이 없다는 말.

夏蟲疑氷　　하충의빙

여름에만 사는 벌레는 얼음을 믿지 않는다는 뜻으로, 견문이 적은 사람은 식견이 작아 의심을 잘한다는 말.

下學上達　　하학상달

아랫것부터 배워서 위에 이른다는 뜻으로, 쉬운 것부터 배워서 깊고 어려운 것을 깨닫는다는 말.

河漢之言　　하한지언

은하수가 멀고 멀어서 끝이 없다는 뜻으로, 뜻이 매우 깊어서 알아듣기 어려운 말이나 종잡을 수 없는 것을 이르는 말.

何厚何薄　　하후하박

어느 쪽은 후하게 하고 어느 쪽은 박하게 한다는 뜻으로, 사람에 따라 차별하여 대우한다는 말.

鶴脛不可斷　　학경불가단

학의 다리가 길다고 잘라서는 안 된다는 뜻으로, 자연에 바탕을 두고 있는 것은 자연 그대로 두는 것이 가장 좋다는 말.

學不厭而教不倦　　학불염이교불권

남에게 배울 때는 싫증을 내지 않고 남을 가르칠 때는 게으름을 피우지 않는다는 뜻으로, 제자와 스승으로서 최선을 다하는 모습을 비유하는 말.

學如不及　　학여불급

배움은 달아나는 자를 뒤쫓되 늘 미치지 못하는 것과 같다는 뜻으로, 학문은 잠시도 게을리 해서는 안 된다는 말.

ㅎ

涸轍鮒魚 학철부어

수레바퀴 자국에 괸 물에 있는 붕어라는 뜻으로, 위급한 처지에 있거나 고단하고 옹색한 사람을 일컫는 말.

邯鄲夢 한단몽

노생이 한단에서 여옹의 베개를 베고 자다 꾼 꿈이라는 뜻으로, 인생도 부귀영화도 모두 덧없는 것이라는 말.

邯鄲之步 한단지보

한단에 가서 걷는 방법을 배운다는 뜻으로, 자기의 본분을 잊고 함부로 남의 흉내를 내면 두 가지를 다 잃는 다는 말.

閑談屑話 한담설화

심심풀이로 하는 한가롭고 실없는 잡담이란 뜻으로, 한가하여 쓸데없이 지껄이는 잡담을 이르는 말.

汗馬之勞 한마지로

싸움터에서 말을 달려 싸운 공로라는 뜻으로, 싸움에 이긴 공로 또는 말이 땀을 흘릴 정도의 힘든 일을 이르는 말.

韓信匍匐 한신포복

한신이 남의 가랑이 밑을 기어서 지나간다는 뜻으로, 큰 목적이 있는 사람은 눈앞의 부끄러움도 참아야 한다는 말.

汗牛充棟 한우충동

짐으로 실으면 소가 땀을 흘리고, 쌓이면 들보에까지 가득 찰 만큼 많다는 뜻에서, 썩 많은 장서를 이르는 말.

閑雲野鶴 한운야학

한가로이 떠도는 구름과 들에 노니는 학이라는 뜻으로, 아무 매인 데 없는 한가로운 생활로 유유자적하는 경지를 이르는 말.

割鷄焉用牛刀 할계언용우도

닭 잡는데 어찌 소 잡는 칼을 쓰겠느냐는 뜻으로, 하찮은 일에 거창한 수단을 동원할 필요가 없다는 말.

割肉充腹 할육충복

자기 살을 베어 배를 채운다는 뜻으로, 혈족의 재물을 빼앗는 짓을 비유적으로 이르는 말.

含哺鼓腹 함포고복

배불리 먹고 배를 두드린다는 뜻으로, 먹을 것이 많아서 좋아하고 즐기는 모양을 이르는 말.

咸興差使 함흥차사

함흥에 가는 차사. 한 번 가기만 하면 깜깜 소식이라는 뜻으로, 심부름을 가서 아주 소식이 없거나 더디 올 때 쓰는 말.

亢龍有悔 항룡유회

하늘 끝까지 올라간 용이 내려갈 길 밖에 없다는 뜻으로, 일을 할 때는 적당한 선에서 만족할 줄 알아야 한다는 말.

偕老同穴 해로동혈

살아서는 함께 늙고 죽어서는 한 무덤에 묻힌다는 뜻으로, 생사를 같이하자는 부부의 사랑의 맹세를 이르는 말.

蟹網具失 해망구실

게와 그물을 모두 잃었다는 뜻으로, 이익을 보려다가 도리어 밑천까지 잃었을 때를 가리키는 말.

解語花 해어화

말을 알아듣는 꽃이라는 뜻으로, 미인을 비유하는 말로 쓰이는데 때로는 화류계의 여인을 일컫는 말.

行不由徑 행불유경

길을 갈 때에는 지름길로 가지 않는다는 뜻으로, 빠른 길도 올바르지 않으면 가지 않는다는 말.

行秘書 행비서

걸어 다니는 비서라는 뜻으로, 아는 것이 많고 기억력이나 판단력이 뛰어난 사람을 이르는 말.

行尸走肉 행시주육

살아있는 송장이요, 걸어 다니는 고깃덩이라는 뜻으로, 배운 것이 없어서 아무 쓸모가 없는 사람을 이르는 말.

行雲流水 행운유수

떠가는 구름과 흐르는 물이라는 뜻으로, 일의 처리에 막힘이 없거나 마음씨가 시원시원하다는 말.

虛虛實實 허허실실

적의 허를 찌르고 실을 피한다는 뜻으로, 그때그때의 상황에 알맞게 계략을 다하여 싸우는 모습을 이르는 말.

獻芹之誠 헌근지성

옛날 햇미나리를 먼저 임금에게 바쳤다는 뜻으로, 정성을 다하여 올리는 마음을 이르는 말.

見頭角 현두각

두각을 드러낸다는 뜻으로, 젊은 사람이 남보다 뛰어난 재질을 드러내 주목을 받을 때 쓰는 말.

懸羊頭賣狗肉 현양두매구육

양의 머리를 걸어 놓고 개고기를 판다는 뜻으로, 겉으론 훌륭하게 내세우나 속은 변변찮다는 말.

形單影隻 형단영척

형체가 하나이므로 그림자도 하나라는 뜻으로, 의지할 곳 없는 외로운 처지를 이르는 말.

螢雪之功 형설지공

반딧불과 눈(雪) 빛으로 공부를 한다는 뜻으로, 고생을 하면서 공부하여 얻는 보람을 이르는 말.

形影相同 형영상동

형체의 곧고 굽음에 따라 그림자도 곧고 굽는다는 뜻으로, 마음의 선악이 그대로 행동으로 드러난다는 말.

兄弟爲手足 형제위수족

형제는 손발과 같아서 화목해야 한다는 뜻으로, 형제는 한 번 잃으면 다시는 얻지 못한다는 말.

狐假虎威 호가호위

여우가 범의 위세를 빌려 호기를 부린다는 뜻으로, 남의 권세에 의지하여 위세를 부린다는 말.

互角之勢 호각지세

소가 서로 뿔을 맞대고 싸우는 형세라는 뜻으로, 서로 조금도 우열을 가릴 수 없는 엇비슷한 세력을 이르는 말.

糊口 호구

입에 풀칠한다는 뜻으로, 간신히 끼니만 이으며 빈곤한 생활에서 겨우 먹고 살아가는 방책이라는 말.

毫毛斧柯 호모부가

나무는 어릴 때 베지 않으면 도끼가 필요하게 된다는 뜻으로, 화근은 적을 때 예방을 해야 한다는 말.

ㅎ

好物不在多　호물부재다

좋은 물건은 반드시 많아야 할 필요는 없다는 뜻으로, 사물의 가치는 수량에 의하여 좌우되지 않는다는 말.

虎尾難放　호미난방

범의 꼬리를 놓기도 어렵고 안 놓으려니 난감하다는 뜻으로, 이러지도 저러지도 못할 처지에 놓여 있다는 말.

虎父犬子　호부견자

아비는 호랑이인데 새끼는 개라는 뜻으로, 훌륭한 아버지에 비해 아들은 그렇지 못하다는 말.

好事多魔　호사다마

좋은 일에는 나쁜 일도 많이 뒤따른다는 뜻으로, 좋은 일이 성취되기 위해서는 그만큼 노력과 고충이 뒤따른다는 말.

狐死首丘　호사수구

여우는 죽을 때 제가 살던 언덕으로 고개를 돌리고 죽는다는 뜻으로, 고향을 그리워하는 마음을 이르는 말.

虎視耽耽　호시탐탐

범이 날카로운 눈초리로 먹이를 노린다는 뜻으로, 틈만 있으면 덮치려고 기회를 노리며 형세를 살핀다는 말.

狐疑不決　호의불결

여우가 의심이 나 결정을 못한다는 뜻으로, 의심이 많아 결단을 내리지 못하는 것을 이르는 말.

昏定晨省　혼정신성

저녁에 이부자리를 보고 아침에 자리를 돌본다는 뜻으로, 아침저녁으로 부모의 안부를 물어서 살핀다는 말.

紅爐上一點雪 홍로상일점설

벌겋게 단 화로 위의 눈 한 송이라는 뜻으로, 큰일을 하는 데 작은 힘이 아무 도움이 되지 않는다는 말.

鴻雁哀鳴 홍안애명

기러기의 슬피 우는 소리란 뜻으로, 가난한 백성들이 비참한 경지에 처한 상태를 이르는 말.

紅一點 홍일점

푸른 것이 여럿 있는 가운데 붉은 것 하나라는 뜻으로, 많은 남자들 사이에 여자 한 명을 이르는 말.

和光同塵 화광동진

빛을 부드럽게 하여 주변의 먼지와 같게 한다는 뜻으로, 자기의 재능을 감추고 세속을 좇는 다는 말.

花落訟庭閑 화락송정한

꽃잎이 떨어질 정도로 소송의 마당이 한가하다는 뜻으로, 정치가 잘 이루어져서 법정에 서서 싸우는 사람이 없다는 말.

畵龍點睛 화룡점정

용을 그릴 때 마지막에 눈을 그려 완성시킨다는 뜻으로, 가장 요긴한 부분을 마치어 일을 끝낸다는 말.

花無十日紅 화무십일홍

열흘 동안 붉게 피는 꽃은 없다는 뜻으로, 한 번 성한 것은 얼마 못가서 반드시 쇠하여진다는 말.

花發多風雨 화발다풍우

꽃이 피었을 때는 풍우가 잦아 모처럼의 꽃이 헛되이 지고 만다는 뜻으로, 인간 만사가 뜻대로 되지 않는다는 말.

ㅎ

禍福同門　　　화복동문

화나 복은 모두 들어오는 문이 같다는 뜻으로, 화나 복은 들어오는 문이 따로 있는 것이 아니라 사람이 부르는 대로 오는 것이라는 말.

禍福無門　　　화복무문

화복이 오는 문은 정하여져 있지 않다는 뜻으로, 각자가 행한 선악에 따라 화복을 받는다는 말.

畫蛇添足　　　화사첨족

뱀을 그리는 데 발까지 그려 넣는다는 뜻으로, 안 해도 될 쓸데없는 일을 덧붙여 하다가 도리어 일을 그르친다는 말.

畫中之餠　　　화중지병

그림의 떡이란 뜻으로, 아무리 탐이 나도 차지하거나 이용할 수 없는 쓸모없는 것을 이르는 말.

畫虎類狗　　　화호유구

범을 그리다가 개를 그린다는 뜻으로, 소질이 없는 사람이 호걸인 체하다가 도리어 망신을 당한다는 말.

攫金者不見人　화금자불견인

돈에 미친 자는 돈 외에는 아무 것도 보이지 않는다는 뜻으로, 물욕에 물들면 의리·염치도 없다는 말.

換骨奪胎　　　환골탈태

뼈를 바꿔 끼고 태(胎)를 바꿔 쓴다는 뜻으로, 얼굴이나 모습이 이전에 비하여 몰라보게 좋아졌다는 말.

黃金用盡還疏索　황금용진환소색

황금을 다 쓰고 나면 다시 사이는 소원해진다는 뜻으로, 세상의 인간관계가 결국 금전적인 상황에 따라 달라진다는 말.

回賓作主　　회빈작주

손님으로 온 사람이 도리어 주인 행세를 한다는 뜻으로, 남의 의견 또는 주장하는 사람을 제쳐놓고 제 마음대로 처리하거나 방자하게 행동한다는 말.

膾炙人口　　회자인구

회와 구운 고기는 맛이 있어 누구나 좋아한다는 뜻으로, 칭찬을 받으며 여러 사람의 입에 자주 오르내린다는 말.

會者定離　　회자정리

만나는 사람은 반드시 헤어질 운명에 있다는 뜻으로, 사람의 힘으로는 어떻게 할 수 없는 이별의 아쉬움을 나타내는 말.

橫步行好去京　　횡보행호거경

모로 걸어가도 서울만 가면 된다는 뜻으로, 수단과 방법을 가리지 않고 할 수 있는 것은 다한다는 말.

效顰　　효빈

찡그림을 본받는다는 뜻으로, 무언지도 모르고 덩달아 흉내 내거나 남의 결점을 장점인 줄로 알고 본뜬다는 말.

嚆矢　　효시

지난날, 전쟁에서 개전의 신호로 우는 화살을 쏘았다는 데서, 온갖 사물의 맨 처음 시작, 혹은 사건의 처음 일어나는 것을 비유하는 말.

朽木不可雕　　후목불가조

썩은 나무는 조각을 할 수 없다는 뜻으로, 어떤 일을 하고자 하는 의지와 기개가 없는 사람은 가르칠 수 없다는 말.

後生可畏　　후생가외

뒤에 오는 사람들은 두려워할 만하다는 뜻으로, 젊은 세대들이 무한한 잠재력을 가지고 발전해 오는 것을 비유하는 말.

ㅎ

厚顔無恥　　후안무치

낯가죽이 두꺼워서 부끄러운 줄을 모른다는 뜻으로, 너무 뻔뻔해서 염치를 모르는 사람을 이르는 말.

毁瓦畫墁　　훼와획만

기와를 헐고 흙손질한 벽에 금을 긋는다는 뜻으로, 남의 집에 해만 끼치는 사람을 이르는 말.

喙長三尺　　훼장삼척

주둥이가 석 자라도 변명할 수가 없다는 뜻으로, 허물이 드러나서 숨길 수가 없는 것을 이르는 말.

胸中有成竹　　흉중유성죽

대를 그리는데 미리 가슴속에 대를 그려보고 붓을 든다는 뜻으로, 일을 착수하기 전에 대체로 성립된 안이 서 있다는 말.

興亡盛衰　　흥망성쇠

흥하고 망하고 성하고 쇠한다는 뜻으로, 아무리 튼튼한 것도 오래 쓰면 못 쓰는 날이 있다는 말.

興盡悲來　　흥진비래

즐거운 일이 다하면 슬픈 일이 닥쳐온다는 뜻으로, 세상만사가 늘 좋거나 나쁠 수는 없고 좋은 일과 나쁜 일이 차례로 일어난다는 말.

부록

가

加 더할 가	可 옳을 가	佳 아름다울 가	呵 웃음 가	柯 가지 가
架 시렁 가	苛 가혹할 가	家 집 가	假 거짓 가	街 거리 가
跏 책상다리 가	嫁 시집갈 가	暇 겨를 가	葭 갈대 가	歌 노래 가
價 값 가	駕 멍에 가	各 각각 각	角 뿔 각	刻 새길 각
脚 다리 각	閣 누각 각	覺 깨달을 각	干 방패 간	肝 간 간
奸 간악할 간	姦 간사할 간	看 볼 간	衎 즐길 간	竿 장대 간
間 사이 간	揀 가릴 간	幹 줄기 간	艱 어려울 간	簡 편지 간
諫 간할 간	喝 꾸짖을 갈	渴 목마를 갈	葛 칡 갈	竭 다할 갈
甘 달 감	堪 견딜 감	敢 감히 감	減 덜 감	感 느낄 감
鑑 거울 감	憾 한할 감	撼 흔들 감	甲 갑옷 갑	匣 갑 갑
江 강 강	剛 굳셀 강	姜 성 강	强 힘쓸 강	康 편안할 강
慷 강개할 강	糠 겨 강	綱 벼리 강	講 익힐 강	疆 지경 강
薑 생강 강	介 끼일 개	改 고칠 개	皆 다 개	剴 알맞을 개
凱 개선할 개	個 낱 개	開 열 개	慨 분개할 개	蓋 덮을 개
鎧 갑옷 개	客 손님 객	坑 구덩이 갱	羹 국 갱	去 갈 거
車 수레 거	居 살 거	拒 막을 거	倨 거만할 거	渠 도랑 거
據 의거할 거	擧 들 거	乾 하늘 건	乞 빌 걸	桀 횃대 걸
傑 뛰어날 걸	劍 칼 검	黔 검을 검	揭 들 게	格 이를 격
隔 사이뜰 격	激 과격할 격	擊 칠 격	犬 개 견	見 볼 견
堅 굳을 견	牽 끌 견	縺 곡진할 견	肩 어깨 견	決 결단할 결
抉 도려낼 결	缺 이지러질 결	結 맺을 결	潔 깨끗할 결	兼 겸할 겸
箝 자갈먹일 겸	謙 겸손할 겸	京 서울 경	勁 굳셀 경	徑 지름길 경
耕 밭갈 경	竟 다할 경	耿 빛날 경	頃 잠깐 경	傾 기울 경
脛 정강이 경	敬 공경할 경	逕 소로 경	經 날 경	境 지경 경
輕 가벼울 경	慶 경사 경	頸 목 경	鏡 거울 경	鯨 고래 경
競 겨룰 경	驚 놀랄 경	卿 벼슬 경	綆 두레박줄 경	戒 경계할 계
季 끝 계	契 맺을 계	計 셈할 계	桂 계수나무 계	溪 시내 계
繫 맬 계	鷄 닭 계	古 옛 고	叩 두드릴 고	告 알릴 고

考 상고할 고	呱 울 고	固 굳을 고	姑 시어미 고	孤 외로울 고
股 넓적다리 고	故 옛 고	枯 마를 고	苦 쓸 고	高 높을 고
賈 장사 고	鼓 북 고	膏 기름 고	稿 볏짚 고	辜 허물 고
敲 두드릴 고	藁 볏짚 고	顧 돌아볼 고	瞽 소경 고	曲 굽을 곡
谷 골 곡	穀 곡식 곡	鵠 고니 곡	轂 바퀴 곡	哭 울 곡
困 괴로울 곤	坤 땅 곤	骨 뼈 골	汨 다스릴 골	工 장인 공
公 공변될 공	功 공 공	孔 구멍 공	共 함께 공	攻 칠 공
供 이바지할 공	空 빌 공	恐 두려울 공	恭 공손할 공	跫 발자국소리 공
瓜 오이 과	果 과실 과	科 과정 과	誇 자랑할 과	過 지날 과
寡 적을 과	裹 쌀 과	官 벼슬 관	冠 갓 관	貫 꿸 관
棺 널 관	管 피리 관	寬 너그러울 관	關 빗장 관	觀 볼 관
慣 버릇 관	鸛 황새 관	刮 깎을 괄	光 빛 광	狂 미칠 광
匡 바를 광	廣 넓을 광	曠 밝을 광	筐 광주리 광	掛 걸 괘
喎 삐뚤어질 괘	怪 기이할 괴	愧 부끄러울 괴	壞 무너질 괴	宏 클 굉
肱 팔뚝 굉	咬 새소리 교	巧 공교할 교	交 사귈 교	敎 가르칠 교
膠 아교 교	矯 바로잡을 교	蛟 교룡 교	狡 교활할 교	翹 꼬리 교
嚙 깨물 교	驕 교만할 교	九 아홉 구	久 오랠 구	口 입 구
丘 언덕 구	句 글귀 구	臼 절구 구	求 구할 구	灸 뜸 구
劬 수고로울 구	具 갖출 구	咎 허물 구	狗 개 구	邱 언덕 구
垢 때 구	苟 진실로 구	俱 함께 구	寇 도둑 구	救 구원할 구
駒 망아지 구	甌 사발 구	舊 옛 구	衢 네거리 구	裘 가죽옷 구
鳩 비둘기 구	鷗 갈매기 구	國 나라 국	菊 국화 국	鞠 기를 국
跼 구부릴 국	君 임금 군	軍 군사 군	群 무리 군	屈 굽을 굴
掘 팔 굴	窟 굴 굴	弓 활 궁	宮 집 궁	躬 몸 궁
窮 다할 궁	卷 책 권	倦 게으를 권	拳 주먹 권	捲 말 권
綣 정다울 권	勸 권할 권	權 권세 권	厥 그 궐	闕 대궐 궐
几 안석 궤	潰 무너질 궤	簣 삼태기 궤	軌 길 궤	匱 함 궤
詭 속일 궤	鬼 귀신 귀	貴 귀할 귀	龜 거북 귀	歸 돌아갈 귀
叫 부르짖을 규	規 법 규	窺 엿볼 규	橘 귤나무 귤	克 이길 극
隙 틈 극	極 다할 극	戟 창 극	芹 미나리 근	近 가까울 근
根 뿌리 근	僅 겨우 근	勤 부지런할 근	瑾 붉은옥 근	槿 무궁화나무 근
今 이제 금	金 쇠 금	衾 이불 금	琴 거문고 금	禽 날짐승 금
擒 사로잡을 금	錦 비단 금	及 미칠 급	汲 길을 급	急 급할 급

給 줄 급　　兢 삼갈 긍　　己 자기 기　　忌 꺼릴 기　　岐 갈림길 기
技 재주 기　　其 그 기　　奇 기이할 기　　崎 험할 기　　紀 벼리 기
氣 기운 기　　記 기록할 기　　起 일어날 기　　埼 끌 기　　旣 이미 기
飢 주릴 기　　棋 바둑 기　　棄 버릴 기　　欺 속일 기　　器 그릇 기
機 틀 기　　騎 말탈 기　　驥 천리마 기　　綺 비단 기　　麒 기린 기
杞 나무이름 기　　饑 주릴 기　　吉 길할 길　　喫 마실 끽

나

諾 대답할 낙　　煖 따뜻할 난　　暖 따뜻할 난　　難 어려울 난　　男 사내 남
南 남녘 남　　納 바칠 납　　囊 주머니 낭　　內 안 내　　奈 어찌 내
女 계집 녀　　年 해 년　　念 생각할 념　　寧 편안할 녕　　奴 종 노
怒 성낼 노　　弩 쇠뇌 노　　呶 지껄일 노　　駑 둔할 노　　農 농사 농
腦 뇌 뇌　　尿 오줌 뇨　　訥 말더듬을 눌　　能 능할 능　　泥 진흙 니
溺 빠질 닉　　匿 숨을 닉

다

多 많을 다　　茶 차 다　　丹 붉을 단　　段 구분 단　　單 홑 단
短 짧을 단　　湍 여울 단　　袒 소매 단　　團 둥글 단　　簞 광주리 단
端 바를 단　　鄲 서울 단　　斷 끊을 단　　達 통달할 달　　獺 수달 달
淡 묽을 담　　談 말씀 담　　憺 편안할 담　　膽 쓸개 담　　譚 이야기 담
畓 논 답　　答 대답할 답　　踏 밟을 답　　堂 집 당　　棠 밭배나무 당
當 마땅할 당　　撞 칠 당　　螳 사마귀 당　　黨 무리 당　　大 큰 대
代 대신할 대　　待 기다릴 대　　袋 자루 대　　對 대답할 대　　臺 돈대 대
戴 일 대　　德 덕 덕　　刀 칼 도　　到 이를 도　　度 법도 도
倒 넘어질 도　　島 섬 도　　徒 무리 도　　桃 복숭아 도　　逃 달아날 도
途 길 도　　掉 흔들 도　　陶 질그릇 도　　屠 잡을 도　　盜 도둑 도
堵 담 도　　都 도읍 도　　塗 진흙 도　　道 길 도　　圖 그림 도
蹈 밟을 도　　導 이끌 도　　濤 파도 도　　鍍 도금할 도　　渡 건널 도
獨 홀로 독　　篤 도타울 독　　犢 송아지 독　　讀 읽을 독　　敦 도타울 돈
頓 조아릴 돈　　豚 돼지 돈　　突 갑자기 돌　　堗 굴뚝 돌　　冬 겨울 동
同 한가지 동　　東 동녘 동　　凍 얼 동　　動 움직일 동　　棟 용마루 동

童 아이 동	銅 구리 동	董 감독할 동	洞 골 동	桐 오동나무 동
斗 말 두	杜 막을 두	肚 배 두	豆 콩 두	頭 머리 두
鈍 무딜 둔	遁 달아날 둔	得 얻을 득	登 오를 등	燈 등잔 등
騰 오를 등				

라

螺 소라 라	羅 벌릴 라	蘿 무 라	洛 강이름 락	落 떨어질 락
樂 즐길 락	卵 알 란	亂 어지러울 란	瀾 물결 란	爛 빛날 란
蘭 난초 란	濫 넘칠 람	藍 쪽 람	覽 볼 람	攬 잡을 랍
臘 납향 랍	浪 물결 랑	狼 이리 랑	郎 사나이 랑	螂 사마귀 랑
來 올 래	冷 찰 랭	良 좋을 량	兩 두 량	涼 서늘할 량
梁 들보 량	量 헤아릴 량	粱 기장 량	糧 양식 량	旅 나그네 려
唳 울 려	慮 생각할 려	勵 힘쓸 려	廬 오두막집 려	麗 고울 려
驢 나귀 려	力 힘 력	櫪 말구유 력	歷 지낼 력	櫟 상수리나무 력
霹 벼락 력	連 이을 련	憐 불쌍할 련	蓮 연밥 련	戀 사모할 련
練 익힐 련	烈 세찰 렬	裂 찢을 렬	廉 청렴할 렴	斂 거둘 렴
簾 발 렴	伶 영리 령	玲 옥소리 령	囹 감옥 령	領 옷깃 령
鈴 방울 령	禮 예도 례	老 늙을 로	勞 일할 로	路 길 로
魯 미련할 로	爐 화로 로	露 이슬 로	鷺 해오라기 로	鹿 사슴 록
綠 푸를 록	論 말할 론	弄 희롱할 롱	瓏 옥소리 롱	籠 대그릇 롱
壟 언덕 롱	隴 언덕 롱	聾 귀머거리 롱	牢 우리 뢰	雷 우레 뢰
賴 의지할 뢰	籟 통소 뢰	遼 멀 료	燎 불놓을 료	瞭 밝을 료
龍 용 룡	累 묶을 루	漏 샐 루	樓 다락 루	鏤 새길 루
流 흐를 류	柳 버들 류	留 머무를 류	類 무리 류	六 여섯 륙
陸 뭍 륙	綸 낚시줄 륜	律 법 률	肋 갈비 륵	陵 언덕 릉
吏 관리 리	利 이로울 리	李 오얏 리	里 마을 리	梨 배나무 리
理 다스릴 리	裏 속 리	履 신 리	離 떠날 리	利 이로울 리
鯉 잉어 리	吝 아낄 린	鱗 비늘 린	隣 이웃 린	麟 기린 린
林 수풀 림	臨 임할 림	立 설 립	粒 알 립	

226

馬 말 마　　麻 삼 마　　磨 갈 마　　摩 갈 마　　魔 마귀 마
莫 없을 막　　寞 쓸쓸할 막　　幕 막 막　　晩 저물 만　　墁 흙손 만
萬 일만 만　　慢 게으를 만　　滿 찰 만　　墁 흙손 만　　漫 질펀할 만
輓 끌 만　　末 끝 말　　抹 바를 말　　秣 꼴 말　　亡 망할 망
妄 허망할 망　　忙 바쁠 망　　邙 산이름 망　　忘 잊을 망　　芒 까끄라기 망
罔 그물 망　　茫 아득할 망　　望 바랄 망　　莽 우거질 망　　網 그물 망
每 매양 매　　昧 새벽 매　　埋 묻을 매　　梅 매화 매　　寐 잠잘 매
賣 팔 매　　買 살 매　　邁 갈 매　　脈 맥 맥　　麥 보리 맥
孟 맏 맹　　氓 백성 맹　　盲 소경 맹　　萌 싹 맹　　猛 사나울 맹
盟 맹세할 맹　　覓 찾을 멱　　免 면할 면　　勉 힘쓸 면　　眄 애꾸눈 면
面 얼굴 면　　眠 잠잘 면　　綿 솜 면　　滅 멸망할 멸　　名 이름 명
命 목숨 명　　明 밝을 명　　冥 어두울 명　　銘 새길 명　　鳴 울 명
毛 털 모　　母 어미 모　　冒 무릅쓸 모　　某 아무 모　　眸 눈동자 모
摸 찾을 모　　暮 저물 모　　矛 창 모　　謀 꾀할 모　　謨 꾀 모
木 나무 목　　目 눈 목　　沐 머리감을 목　　牧 칠 목　　睦 화목할 목
鶩 집오리 목　　沒 빠질 몰　　夢 꿈 몽　　蒙 입을 몽　　妙 묘할 묘
苗 모 묘　　猫 고양이 묘　　墓 무덤 묘　　毋 말 무　　武 굳셀 무
茂 우거질 무　　務 일 무　　無 없을 무　　舞 춤출 무　　誣 무고할 무
撫 어루만질 무　　霧 안개 무　　巫 무당 무　　墨 먹 묵　　文 글월 문
刎 목벨 문　　門 문 문　　蚊 모기 문　　問 물을 문　　聞 들을 문
勿 말 물　　物 만물 물　　未 아닐 미　　米 쌀 미　　尾 꼬리 미
味 맛 미　　眉 눈썹 미　　美 아름다울 미　　微 작을 미　　彌 두루 미
靡 쓰러질 미　　民 백성 민　　敏 민첩할 민　　密 빽빽할 밀　　蜜 꿀 밀

拍 칠 박　　博 넓을 박　　搏 잡을 박　　雹 우박 박　　撲 칠 박
璞 옥돌 박　　縛 묶을 박　　駁 얼룩말 박　　薄 엷을 박　　剝 벗길 박
反 되돌릴 반　　半 반 반　　伴 짝 반　　返 돌아올 반　　叛 배반할 반
般 돌 반　　斑 얼룩 반　　飯 밥 반　　瘢 흉터 반　　盤 소반 반
攀 더위잡을 반　　拔 뺄 발　　勃 갑자기 발　　發 쏠 발　　鉢 바리때 발
髮 터럭 발　　跋 밟을 발　　方 모 방　　坊 동네 방　　邦 나라 방

防 막을 방	房 방 방	放 놓을 방	芳 꽃다울 방	蚌 방합 방
傍 곁 방	旁 두루 방	訪 찾을 방	謗 헐뜯을 방	杯 잔 배
拜 절 배	背 등 배	倍 곱 배	盃 잔 배	配 짝 배
排 밀칠 배	白 흰 백	百 일백 백	伯 맏 백	帛 비단 백
柏 측백나무 백	栢 나무이름 백	魄 넋 백	煩 번거로울 번	繁 많을 번
伐 칠 벌	罰 죄 벌	犯 범할 범	範 법 범	法 법 법
碧 푸를 벽	壁 벽 벽	癖 버릇 벽	霹 벼락 벽	壁 둥근옥 벽
辨 분별할 변	邊 가 변	辯 말잘할 변	變 변할 변	別 나눌 별
兵 군사 병	幷 어우를 병	病 병 병	竝 아우를 병	瓶 병 병
餠 떡 병	步 걸음 보	保 지킬 보	報 갚을 보	普 넓을 보
菩 보살 보	補 기울 보	輔 도울 보	寶 보배 보	卜 점 복
伏 엎드릴 복	服 옷 복	復 돌아올 복	腹 배 복	福 복 복
匐 길 복	覆 뒤집힐 복	本 근본 본	奉 받들 봉	封 봉할 봉
峰 산봉우리 봉	捧 받들 봉	逢 만날 봉	棒 몽둥이 봉	蜂 벌 봉
鳳 봉새 봉	蓬 쑥 봉	縫 꿰맬 봉	夫 지아비 부	父 아비 부
付 줄 부	不 아닌가 부	否 아닐 부	扶 도울 부	斧 도끼 부
附 붙을 부	負 질 부	浮 뜰 부	赴 나아갈 부	俯 구부릴 부
釜 가마 부	婦 며느리 부	符 부신 부	莩 풀이름 부	趺 책상다리 부
復 다시 부	富 부자 부	腐 썩을 부	蜉 하루살이 부	傅 스승 부
膚 살갗 부	駙 부마 부	鮒 붕어 부	剖 쪼갤 부	北 북녘 북
分 나눌 분	奔 달아날 분	盆 동이 분	粉 가루 분	焚 불사를 분
憤 분할 분	紛 어지러울 분	奮 떨칠 분	糞 똥 분	不 아닐 불
佛 부처 불	拂 떨칠 불	朋 벗 붕	崩 무너질 붕	鵬 붕새 붕
卑 낮을 비	肥 살찔 비	非 아닐 비	飛 날 비	秘 숨길 비
婢 여자종 비	悲 슬플 비	毖 삼갈 비	備 갖출 비	脾 지라 비
菲 엷을 비	碑 비석 비	轡 바퀴 비	鼻 코 비	誹 비방할 비
費 쓸 비	蚍 왕개미 비	臂 팔 비	髀 넓적다리 비	轡 고삐 비
牝 암컷 빈	貧 가난할 빈	賓 손 빈	矉 찡그릴 빈	嚬 찡그릴 빈
顰 찡그릴 빈	鬢 귀밑털 빈	氷 얼음 빙	馮 탈 빙	憑 기댈 빙

士 선비 사	司 맡을 사	四 넉 사	仕 벼슬할 사	死 죽을 사

似 같을 사　沙 모래 사　邪 간사할 사　私 사사 사　事 일 사
使 부릴 사　社 모일 사　寺 절 사　舍 집 사　思 생각할 사
査 조사할 사　師 스승 사　捨 버릴 사　徙 옮길 사　奢 사치할 사
絲 실 사　蛇 뱀 사　斯 이 사　獅 사자 사　駟 사마 사
謝 사례할 사　瀉 쏟을 사　辭 말 사　肆 방자할 사　射 쏠 사
削 깎을 삭　朔 초하루 삭　鑠 녹일 삭　數 자주 삭　山 뫼 산
散 흩을 산　算 셀 산　酸 초 산　産 낳을 산　殺 죽일 살
薩 보살 살　三 석 삼　森 빽빽할 삼　上 위 상　床 평상 상
尙 오히려 상　狀 형상 상　相 서로 상　桑 뽕나무 상　商 헤아릴 상
常 항상 상　喪 죽을 상　象 코끼리 상　傷 상처 상　想 생각할 상
嘗 맛볼 상　裳 치마 상　賞 상줄 상　霜 서리 상　觴 잔 상
塞 변방 새　色 빛 색　索 찾을 색　塞 막힐 색　生 날 생
西 서녘 서　序 차례 서　書 글 서　敍 차례 서　暑 더울 서
鼠 쥐 서　噬 씹을 서　夕 저녁 석　石 돌 석　昔 예 석
席 자리 석　惜 아낄 석　碩 클 석　釋 풀 석　仙 신선 선
先 먼저 선　宣 베풀 선　扇 부채 선　旋 돌 선　船 배 선
選 가릴 선　善 착할 선　蟬 매미 선　線 줄 선　禪 봉선 선
舌 혀 설　泄 샐 설　屑 가루 설　設 베풀 설　雪 눈 설
說 말씀 설　齧 물 설　囓 물 설　閃 번쩍할 섬　纖 가늘 섬
涉 건널 섭　成 이룰 성　姓 성 성　性 성품 성　星 별 성
省 살필 성　城 성 성　盛 담을 성　聖 성인 성　誠 정성 성
醒 깰 성　聲 소리 성　世 인간 세　洗 씻을 세　勢 기세 세
歲 해 세　細 가늘 세　說 달랠 세　小 작을 소　少 적을 소
召 부를 소　所 장소 소　昭 밝을 소　宵 밤 소　消 사라질 소
笑 웃을 소　素 흴 소　掃 쓸 소　疏 트일 소　疎 성길 소
搔 긁을 소　銷 녹일 소　燒 사를 소　騷 떠들 소　巢 집 소
束 묶을 속　俗 풍속 속　速 빠를 속　粟 조 속　謖 일어날 속
續 이을 속　損 덜 손　猻 원숭이 손　率 거느릴 솔　宋 송나라 송
松 소나무 송　送 보낼 송　訟 송사할 송　碎 부술 쇄　衰 쇠할 쇠
手 손 수　水 물 수　守 지킬 수　秀 빼어날 수　受 받을 수
垂 드리울 수　收 거둘 수　首 머리 수　修 닦을 수　羞 바칠 수
袖 소매 수　授 줄 수　搜 찾을 수　須 모름지기 수　壽 목숨 수
遂 이룰 수　漱 양치질할 수　數 셀 수　誰 누구 수　樹 나무 수

隨 따를 수　獸 짐승 수　溲 반죽할 수　雖 비록 수　繡 수놓을 수
髓 골수 수　讐 원수 수　竪 더벅머리 수　鬚 수염 수　夙 일찍 숙
宿 묵을 숙　菽 콩 숙　肅 엄숙할 숙　熟 익을 숙　淑 맑을 숙
旬 열흘 순　純 생사 순　脣 입술 순　循 돌 순　筍 죽순 순
順 순할 순　鶉 아름다울 순　盾 방패 순　述 지을 술　術 재주 술
崇 높을 숭　瑟 거문고 슬　膝 무릎 슬　拾 주을 습　習 익힐 습
濕 축축할 습　升 되 승　承 받들 승　昇 오를 승　乘 탈 승
勝 이길 승　僧 중 승　繩 줄 승　蠅 파리 승　尸 주검 시
市 저자 시　矢 화살 시　示 보일 시　豕 돼지 시　侍 모실 시
始 처음 시　屍 주검 시　施 베풀 시　是 옳을 시　柿 감나무 시
柴 섶 시　時 때 시　豺 승냥이 시　匙 숟가락시　視 볼 시
鰣 준치 시　食 밥 식　息 숨쉴 식　植 심을 식　飾 꾸밀 식
識 알 식　申 납 신　臣 신하 신　伸 펼 신　身 몸 신
迅 빠를 신　辛 매울 신　信 믿을 신　神 귀신 신　晨 새벽 신
新 새 신　薪 섶나무 신　失 잃을 실　室 집 실　實 열매 실
心 마음 심　深 깊을 심　甚 심할 심　尋 찾을 심　十 열 십
雙 쌍 쌍

아

牙 어금니 아　我 나 아　兒 아이 아　阿 언덕 아　啞 벙어리 아
蛾 나방 아　鵝 거위 아　餓 주릴 아　惡 악할 악　握 쥘 악
安 편안할 안　按 누를 안　岸 언덕 안　案 책상 안　眼 눈 안
雁 기러기 안　顏 얼굴 안　擢 뽑을 알　謁 아뢸 알　暗 어두울 암
巖 바위 암　壓 누를 압　鴨 오리 압　仰 우러를 앙　殃 재앙 앙
鴦 원앙 앙　哀 슬플 애　涯 물가 애　愛 사랑 애　礙 꺼리낄 애
靄 아지랑이 애　厄 액 액　額 이마 액　也 어조사 야　冶 불릴 야
夜 밤 야　耶 어조사 야　野 들 야　約 묶을 약　若 같을 약
弱 약할 약　藥 약 약　躍 뛸 약　羊 양 양　洋 바다 양
揚 오를 양　陽 볕 양　楊 버들 양　樣 모양 양　養 기를 양
襄 도울 양　壤 흙 양　讓 사양할 양　痒 가려울 양　瘍 가려울 양
於 어조사 어　魚 고기 어　圄 감옥 어　漁 고기잡 어　語 말씀 어
抑 누를 억　億 억 억　言 말씀 언　焉 어찌 언　諺 상말 언

掩 가릴 엄　嚴 엄할 엄　業 업 업　予 나 여　如 같을 여
汝 너 여　餘 남을 여　與 줄 여　役 부릴 역　易 바꿀 역
逆 거스를 역　吮 빨 연　硯 벼루 연　烟 연기 연　淵 못 연
然 그러할 연　煙 연기 연　連 잇닿을 연　宴 잔치 연　緣 인연 연
鳶 솔개 연　燃 불사를 연　燕 제비 연　悅 기쁠 열　咽 목멜 열
熱 더울 열　閱 검열할 열　炎 불탈 염　染 물들일 염　鹽 소금 염
葉 잎 엽　永 길 영　迎 맞이할 영　榮 영화 영　影 그림자 영
營 경영할 영　曳 끌 예　五 다섯 오　汚 더러울 오　吳 나라이름 오
吾 나 오　悟 깨달을 오　梧 오동나무 오　烏 까마귀 오　惡 미워할 오
傲 거만할 오　奧 속 오　寤 깰 오　鼯 날다람쥐 오　玉 구슬 옥
屋 집 옥　獄 옥 옥　溫 따뜻할 온　翁 늙은이 옹　甕 독 옹
癰 악창 옹　瓦 기와 와　臥 엎드릴 와　蛙 개구리 와　蝸 달팽이 와
完 완전할 완　頑 완고할 완　脘 밥통 완　曰 가로 왈　王 임금 왕
往 갈 왕　枉 굽을 왕　矮 작을 왜　外 밖 외　畏 두려울 외
堯 요임금 요　搖 흔들릴 요　橈 꺾일 요　撓 휠 요　遼 멀 요
擾 어지러울 요　橈 꺾일 요　樂 좋아할 요　辱 욕될 욕　欲 하고자할 욕
慾 욕심 욕　縟 채색 욕　用 쓸 용　勇 날랠 용　容 얼굴 용
聳 솟을 용　庸 쓸 용　友 벗 우　又 또 우　于 어조사 우
牛 소 우　尤 더욱 우　右 오른쪽 우　佑 도울 우　羽 깃 우
迂 멀 우　雨 비 우　盂 바리 우　愚 어리석을 우　遇 만날 우
憂 근심 우　優 넉넉할 우　旭 아침해 욱　雲 구름 운　雄 수컷 웅
元 으뜸 원　怨 원망할 원　原 근원 원　援 당길 원　園 동산 원
圓 둥글 원　源 근원 원　猿 원숭이 원　遠 멀 원　鴛 원앙 원
轅 끌채 원　月 달 월　越 넘을 월　危 위태할 위　位 자리 위
威 위엄 위　胃 밥통 위　韋 다룸가죽 위　尉 벼슬 위　爲 할 위
蝟 고슴도치 위　幼 어릴 유　由 말미암을 유　有 있을 유　宥 용서할 유
乳 젖 유　幽 그윽할 유　惟 생각할 유　唯 오직 유　柔 부드러울 유
悠 멀 유　帷 휘장 유　猶 오히려 유　瑜 옥 유　遊 놀 유
儒 선비 유　濡 젖을 유　維 맬 유　諛 아첨할 유　遺 남길 유
諭 깨우칠 유　愈 나을 유　六 여섯 육　肉 고기 육　潤 젖을 윤
恩 은혜 은　殷 성할 은　隱 숨길 은　乙 새 을　吟 읊을 음
音 소리 음　淫 음란할 음　陰 응달 음　飮 마실 음　邑 고을 읍
泣 울 읍　應 응할 응　倚 의지할 의　衣 옷 의　矣 어조사 의

依 의지할 의　宜 마땅할 의　意 뜻 의　義 옳을 의　疑 의심할 의
蟻 개미 의　議 의논할 의　二 두 이　已 이미 이　以 써 이
而 말이을 이　耳 귀 이　易 쉬울 이　夷 오랑캐 이　異 다를 이
痍 상처 이　移 옮길 이　貽 끼칠 이　爾 너 이　邇 가까울 이
弋 주살 익　益 더할 익　翼 날개 익　人 사람 인　仁 어질 인
引 끌 인　因 인할 인　刃 칼날 인　仞 길 인　姻 혼인 인
忍 참을 인　認 알 인　一 한 일　日 날 일　任 맡길 임
入 들 입

㉐

子 아들 자　字 글자 자　自 스스로 자　姿 맵시 자　者 사람 자
疵 흠 자　紫 자주빛 자　資 재물 자　雌 암컷 자　慈 사랑 자
炙 고기구울 자　藉 깔개 자　勺 구기 작　作 지을 작　斫 벨 작
昨 어제 작　酌 따를 작　雀 참새 작　爵 벼슬 작　鵲 까치 작
棧 잔도 잔　殘 해칠 잔　潛 잠길 잠　雜 섞일 잡　丈 어른 장
壯 씩씩할 장　杖 지팡이 장　長 길 장　將 장수 장　帳 휘장 장
張 베풀 장　章 글 장　場 마당 장　掌 손바닥 장　裝 꾸밀 장
粧 단장할 장　腸 창자 장　獐 노루 장　障 막을 장　墻 담장 장
牆 담 장　醬 된장 장　藏 감출 장　才 재주 재　再 두 재
在 있을 재　材 재목 재　災 재앙 재　宰 재상 재　滓 찌기 재
哉 어조사 재　載 실을 재　齎 가져올 재　爭 다툴 쟁　錚 쇳소리 쟁
底 밑 저　苴 풀숲 저　杵 공이 저　樗 가죽나무 저　潴 웅덩이 저
猪 돼지 저　赤 붉을 적　炙 고기구울 적　的 과녁 적　寂 고요할 적
迹 자취 적　賊 도둑 적　跡 자취 적　摘 딸 적　敵 원수 적
適 맞을 적　積 쌓을 적　翟 꿩 적　滴 물방울 적　田 밭 전
全 온전할 전　典 법 전　前 앞 전　展 펼 전　專 오로지 전
筌 통발 전　傳 전할 전　殿 큰집 전　電 번개 전　箭 화살 전
戰 싸울 전　輾 돌 전　錢 돈 전　煎 달일 전　轉 구를 전
顚 꼭대기 전　氈 누린내 전　折 꺾을 절　切 끊을 절　絶 끊을 절
截 끊을 절　節 마디 절　竊 훔칠 절　漸 점점 점　點 점 점
接 사귈 접　蝶 나비 접　丁 장정 정　井 우물 정　正 바를 정
定 정할 정　征 칠 정　穽 함정 정　政 정사 정　貞 곧을 정

釘 못 정　　　亭 정자 정　　　庭 뜰 정　　　情 뜻 정　　　淨 깨끗할 정
頂 정수리 정　　程 단위 정　　　睛 눈동자 정　　精 정미할 정　　整 가지런할 정
鼎 솥 정　　　靜 고요할 정　　弟 아우 제　　　制 마를 제　　　提 끌 제
堤 방죽 제　　　齊 가지런할 제　諸 모든 제　　　題 제목 제　　　虀 버무릴 제
濟 건널 제　　　臍 배꼽 제　　　霽 갤 제　　　　蹄 굽 제　　　　弔 조상할 조
爪 손톱 조　　　兆 조짐 조　　　旱 새벽 조　　　助 도울 조　　　佻 경박할 조
俎 도마 조　　　彫 새길 조　　　蚤 벼룩 조　　　桃 조묘 조　　　措 둘 조
條 가지 조　　　造 지을 조　　　雕 새길 조　　　釣 낚시 조　　　鳥 새 조
朝 아침 조　　　稠 빽빽할 조　　照 비출 조　　　調 고를 조　　　噪 떠들썩할 조
燥 마를 조　　　糟 전국 조　　　操 잡을 조　　　足 발 족　　　　族 겨레 족
存 있을 존　　　尊 높을 존　　　卒 군사 졸　　　拙 졸할 졸　　　猝 갑자기 졸
終 끝날 종　　　從 쫓을 종　　　種 씨 종　　　　縱 늘어질 종　　左 왼 좌
坐 앉을 좌　　　座 자리 좌　　　罪 허물 죄　　　主 주인 주　　　州 고을 주
舟 배 주　　　　住 살 주　　　　走 달릴 주　　　周 두루 주　　　柱 기둥 주
珠 구슬 주　　　株 그루 주　　　酒 술 주　　　　晝 낮 주　　　　誅 벨 주
輳 모일 주　　　竹 대 죽　　　　粥 죽 죽　　　　駿 준마 준　　　中 가운데 중
仲 버금 중　　　重 무거울 중　　衆 무리 중　　　卽 곧 즉　　　　則 곧 즉
櫛 빗 즐　　　　拯 건질 증　　　憎 미워할 증　　蒸 찔 증　　　　甑 시루 증
之 갈 지　　　　支 가를 지　　　止 그칠 지　　　地 땅 지　　　　旨 뜻 지
池 못 지　　　　至 이를 지　　　志 뜻 지　　　　枝 가지 지　　　知 알 지
芝 지초 지　　　指 손가락 지　　枳 탱자나무 지　紙 종이 지　　　舐 핥을 지
智 슬기 지　　　遲 늦을 지　　　持 가질 지　　　直 곧을 직　　　職 벼슬 직
珍 다할 진　　　津 나루 진　　　珍 보배 진　　　晉 나아갈 진　　眞 참 진
陣 진칠 진　　　陳 늘어놓을 진　進 나아갈 진　　塵 티끌 진　　　盡 다될 진
震 벼락 진　　　臻 이를 진　　　秦 나라이름 진　疾 병 질　　　　嫉 시기할 질
質 바탕 질　　　跌 넘어질 질　　執 잡을 집　　　集 모일 집　　　澄 맑을 징
懲 혼날 징

（차）

且 또 차　　　　此 이 차　　　　借 빌릴 차　　　車 수레 차　　　差 어긋날 차
磋 갈 차　　　　嗟 탄식할 차　　捉 잡을 착　　　着 붙을 착　　　錯 섞일 착
鑿 뚫을 착　　　餐 먹을 찬　　　竄 숨을 찬　　　撰 지을 찬　　　饌 반찬 찬

讚 기릴 찬　　칠 절 찰　　察 살필 찰　　擦 비빌 찰　　斬 벨 참
慘 참혹할 참　　唱 노래 창　　窓 창문 창　　滄 찰 창　　暢 펼 창
創 비롯할 창　　蒼 푸를 창　　瘡 부스럼 창　　搶 닿을 창　　采 갤 채
冊 책 책　　責 꾸짖을 책　　策 꾀 책　　妻 아내 처　　凄 쓸쓸할 처
處 살 처　　尺 자 척　　隻 외짝 척　　剔 바를 척　　蹐 걸을 척
滌 씻을 척　　擲 던질 척　　戚 겨레 척　　千 일천 천　　川 내 천
天 하늘 천　　穿 뚫을 천　　淺 얕을 천　　喘 헐떡거릴 천　　賤 천할 천
踐 밟을 천　　擅 멋대로 천　　遷 옮길 천　　薦 천거할 천　　泉 샘 천
哲 밝을 철　　徹 통할 철　　撤 거둘 철　　轍 바퀴자국 철　　鐵 쇠 철
沾 적실 첨　　添 더할 첨　　瞻 볼 첨　　疊 겹쳐질 첩　　靑 푸를 청
淸 맑을 청　　晴 갤 청　　請 청할 청　　聽 들을 청　　廳 관청 청
體 몸 체　　初 처음 초　　草 풀 초　　焦 그을릴 초　　貂 담비 초
楚 모형 초　　樵 땔나무 초　　礎 주춧돌 초　　肖 닮을 초　　鞘 칼집 초
蜀 이름 촉　　觸 닿을 촉　　鏃 화살 촉　　寸 마디 촌　　村 마을 촌
聰 귀밝을 총　　叢 모일 총　　最 가장 최　　榱 서까래 최　　秋 가을 추
追 쫓을 추　　推 옮길 추　　錐 송곳 추　　雛 병아리 추　　趨 달릴 추
軸 굴대 축　　逐 쫓을 축　　蹴 찰 축　　春 봄 춘　　出 날 출
充 찰 충　　虫 벌레 충　　忠 충성 충　　衝 찌를 충　　蟲 벌레 충
瘁 병들 췌　　吹 불 취　　取 취할 취　　臭 냄새 취　　就 이룰 취
炊 불땔 취　　聚 모을 취　　翠 물총새 취　　醉 취할 취　　娶 장가들 취
驟 달릴 취　　厠 뒷간 측　　惻 슬퍼할 측　　測 잴 측　　側 곁 측
治 다스릴 치　　恥 부끄러울 치　　致 보낼 치　　痔 치질 치　　雉 꿩 치
置 둘 치　　齒 이 치　　癡 어리석을 치　　親 친할 친　　七 일곱 칠
漆 옻 칠　　沈 잠길 침　　枕 베개 침　　針 바늘 침　　寢 잠잘 침
鍼 침 침　　秤 저울 칭　　稱 일컬을 칭　　快 쾌할 쾌

㉣

他 다를 타　　打 칠 타　　妥 온당할 타　　唾 침 타　　墮 떨어질 타
卓 높을 탁　　度 헤아릴 탁　　啄 쪼을 탁　　琢 쫄 탁　　擢 뽑을 탁
濁 흐릴 탁　　呑 삼킬 탄　　坦 평평할 탄　　炭 숯 탄　　嘆 탄식할 탄
彈 탄알 탄　　歎 읊을 탄　　憚 꺼릴 탄　　脫 벗을 탈　　奪 빼앗을 탈
眈 노려볼 탐　　探 찾을 탐　　貪 탐할 탐　　塔 탑 탑　　湯 끓일 탕

234

蕩 쓸어버릴 탕　太 클 태　胎 아이밸 태　泰 클 태　駄 탈 태
態 모양 태　宅 집 택　擇 가릴 택　澤 못 택　撐 버팀목 탱
土 흙 토　吐 토할 토　兎 토끼 토　通 통할 통　痛 아플 통
槌 망치 퇴　退 물러날 퇴　推 밀 퇴　投 던질 투　偷 훔칠 투
透 통할 투　鬪 싸움 투　渝 달라질 투　特 특별할 특

파

波 물결 파　把 잡을 파　爬 긁을 파　破 깨뜨릴 파　播 뿌릴 파
婆 할미 파　皤 머리센모양 파　坂 비탈 판　阪 비탈 판　判 판가름할 판
八 여덟 팔　悖 어그러질 패　敗 패할 패　霸 으뜸 패　狽 이리 패
烹 삶을 팽　愎 괴팍할 팍　片 조각 편　便 편할 편　偏 치우칠 편
遍 두루 편　篇 책 편　編 엮을 편　鞭 채찍 편　平 평평할 평
萍 부평초 평　吠 짖을 폐　閉 닫을 폐　廢 폐할 폐　蔽 덮을 폐
弊 해질 폐　斃 넘어질 폐　布 베 포　咆 성낼 포　抱 안을 포
苞 쌀 포　哺 먹을 포　捕 잡을 포　浦 개 포　砲 대포 포
蒲 부들 포　飽 물릴 포　匍 길 포　暴 사나울 포　鮑 절인어물 포
脯 포 포　輻 바퀴살 폭　表 겉 표　豹 표범 표　鑣 재갈 표
稟 줄 품　風 바람 풍　豐 풍성할 풍　瘋 두풍 풍　皮 가죽 피
彼 저 피　疲 지칠 피　被 이불 피　避 피할 피　匹 필 필
必 반드시 필　筆 붓 필　蓽 콩 필

하

下 아래 하　何 어찌 하　河 물 하　夏 여름 하　荷 연 하
瑕 티 하　蝦 새우 하　狢 오소리 학　虐 사나울 학　涸 물마를 학
學 배울 학　壑 골 학　鶴 학 학　汗 땀 한　旱 가물 한
邯 이름 한　恨 한할 한　限 한계 한　寒 찰 한　閒 틈 한
閑 한가할 한　韓 나라 한　漢 한수 한　割 나눌 할　瞎 애꾸눈 할
含 머금을 함　咸 다 함　陷 빠질 함　緘 봉함 함　銜 재갈 함
檻 우리 함　合 합할 합　亢 목 항　抗 막을 항　恒 항상 항
航 거리 항　巷 거리 항　向 향할 향　香 향기 향　鄕 시골 향
響 울림 향　害 해칠 해　海 바다 해　偕 함께 해　解 풀 해

235

駭 놀랄 해　骸 뼈 해　蟹 게 해　醢 젓갈 해　劾 캐물을 핵

行 다닐 행　倖 요행 행　虛 빌 허　獻 바칠 헌　險 험할 험

革 가죽 혁　見 나타날 현　賢 어질 현　懸 매달 현　縣 매달 현

顯 나타날 현　絃 악기줄 현　孑 외로울 혈　穴 구멍 혈　血 피 혈

篋 상자 협　鋏 집게 협　兄 맏 형　亨 형통할 형　形 모양 형

荊 가시나무 형　螢 반딧불 형　兮 어조사 혜　鞋 신 혜　蹊 지름길 혜

互 서로 호　戶 지게 호　好 좋을 호　虎 범 호　呼 부를 호

乎 인가 호　昊 하늘 호　狐 여우 호　浩 클 호　皓 흴 호

毫 가는털 호　壺 병 호　湖 호수 호　猢 원숭이 호　號 부르짖을 호

豪 호걸 호　糊 풀 호　扈 뒤따를 호　或 혹 혹　惑 미혹할 혹

昏 어두울 혼　婚 혼인할 혼　混 섞을 혼　渾 흐릴 혼　魂 넋 혼

忽 문득 홀　紅 붉을 홍　鴻 기러기 홍　化 될 화　火 불 화

禾 벼 화　和 화할 화　花 꽃 화　畫 그림 화　華 빛날 화

話 말할 화　靴 신 화　禍 재화 화　貨 재화 화　穫 벼벨 확

攫 붙잡을 확　蠖 자벌레 확　丸 알 환　患 근심 환　喚 부를 환

換 바꿀 환　還 돌아올 환　鰥 홀아비 환　歡 기쁠 환　活 살 활

滑 미끄러울 활　闊 트일 활　肓 명치끝 황　況 하물며 황　皇 임금 황

惶 두려워할 황　荒 거칠 황　黃 누를 황　回 돌 회　灰 재 회

悔 뉘우칠 회　會 모일 회　膾 회 회　誨 가르칠 회　懷 품을 회

畫 그릴 획　橫 가로 횡　孝 효도 효　效 본받을 효　淆 뒤섞일 효

梟 올빼미 효　曉 새벽 효　嚆 울릴 효　朽 썩을 후　厚 두터울 후

後 뒤 후　吼 울 후　猴 원숭이 후　訓 가르칠 훈　喙 부리 훼

毀 헐 훼　揮 휘두를 휘　彙 무리 휘　輝 빛날 휘　休 쉴 휴

隳 이지러질 휴　隳 무너뜨릴 휴　鷸 도요새 휼　凶 흉할 흉　胸 가슴 흉

黑 검을 흑　興 일 흥　希 바랄 희　喜 기쁠 희　稀 드물 희

戲 놀 희